JN274344

横断型科学技術と
サービスイノベーション

人を包含したサービスシステムに対するシステム論的アプローチ

小坂満隆・舩橋誠壽 編
北陸先端科学技術大学院大学　サービス経営コース

横断型基幹科学技術研究団体連合　シスナレ研究会 著

社会評論社

序文

木村英紀
((独)理化学研究所BSI－トヨタ連携センターセンター長)
((独)科学技術振興機構　研究開発戦略センター　上席フェロー)
(NPO法人　横断型基幹科学技術研究団体連合会長)

　私たちが新しい知の統合を目指して横断型基幹科学技術連合（横幹連合）を発足させたのは6年前のことである。6年間の活動を通して私たちの主張はようやく人々の耳に達し始めた。多くの難しい課題に直面する世界、そして日本への深刻な現状認識が私たちの主張と深いところで共鳴する時代がやってきたという手応えを力強く感じることが出来る時代になりつつある。

　そのような状況の中で本書が横幹連合の発足時からのキーパーソンである方々によって出版されたことは大変喜ばしいことである。横幹連合の活動が学術のレベルで実を結んだ最初の成果であるといってよい。本書のテーマはサービスに関する科学と技術を正面から構築しようとする野心に満ちた試みであり、そのなかで横幹科学技術（本書の中では横断型科学技術という言葉が使われている）が中心的な役割を果たすことが示されている。すでにご存じのとおり、日本もそして世界規模でも産業の主体は製造業からサービス業に移っている。したがって、付加価値が生まれる場も「ものつくり」から「ことつくり」に移りつつある。たとえば平成17年度の国勢調査によると、就労人口の比率は第3次産業が67.3％を占めるのに対して第2次産業は25.9％である。第3次産業とサービス産業は同じではないが、サービスを真正面から科学の問題として捉える事の重要性はこの数字からも明らかであろう。

本書でもたびたび主張されているが、サービスの本質はテクノロジーの力と人間への配慮が交差するところにある。テクノロジーはものとして個別の可能性を提供するが、サービスは人間と社会の「全体性」を常に配慮しなければいけない。テクノロジーの個別性と人間・社会の全体性との調和を図るこことに貢献するのが横幹科学技術である。これは横幹連合の主張してきたことの神髄である。それを具体的にサービスを対象として具体的に展開、肉付けされた本書の内容は、サービス科学技術への極めてユニークなアプローチとなっており、ともすれば個別の例の羅列と皮相な対症療法的なツールの紹介に終わるサービス工学の紹介とは一味違うサービス工学の本格的な学術書となっている。何よりも、編者の企業における豊かな現場経験と横幹連合における知の統合を目指した思想活動が高いレベルで結びついていることが本書の魅力になっている。

　横幹連合で活動してきた人間にとっては、あらためて横幹科学技術とは何かを捉え直し、その一層の発展の手がかりになる。このような価値の高い著書を著わされた著者編者に心から敬意を表するとともに、本書が多くの読者を獲得し横幹科学技術の次への発展に寄与することを期待したい。

まえがき

小坂満隆

(北陸先端科学技術大学院大学)

　科学技術には、縦型科学技術と横断型科学技術が存在する。縦型科学技術は、物理・化学、電気・機械などの分野で、1つの課題を深く掘り下げていく学問である。一方、横断型科学技術は、システム工学や知識科学のように分野横断的で目的志向の問題解決方法論を提供してくれる学問である。21世紀の人間社会が抱える諸問題、たとえば、サービス、環境、新事業創生といった今日的な課題は、いずれも人が関与しており、1分野の科学技術や学問領域だけでは解決できない。こうした文理融合的な性格をもつ問題は、高度な縦型の科学技術と、目的志向の問題解決手段としての横断型科学技術をうまく連携させることによって初めて解決できるといえよう。

　横断型科学技術をサービスサイエンスやサービスイノベーションへ展開する本書が誕生するきっかけは、2つの要因がある。1つは、横断型基幹科学技術研究団体連合（横幹連合）設立への貢献とその組織下での「システム工学とナレッジマネジメントの融合に関する調査研究会（シスナレ研究会）」の活動である。もう1つは、北陸先端科学技術大学院大学（以下　JAIST: Japan Advanced Institute of Science and Technology）が文部科学省のサービスイノベーション人材育成推進プログラムの一環として進めている社会人教育としてのサービス経営コース（MOS: Management of Service）の設立である。

　第1の要因である横幹連合については、私が2002年に計測自動制御学会の理事として活動していた時に、当時の当学会の会長であった木村

英紀先生の考え方に賛同して横幹連合の設立に携わったのが、契機であった。

　具体的な活動として、志を同じくする研究者と共にシスナレ研究会を立ち上げ、調査・研究活動を進めた。私が専門とするシステム工学や制御工学は、シミュレーション、モデリング、最適化等の技術を、実際の現場の問題に適用してソリューションを見つけ出すという代表的な横断型科学技術である。しかしながら、サービス、環境、医療・福祉といった21世紀の諸問題には、人間の目的意識、人間の価値感、満足感などの様々な人間の要素が含まれているため、従来の工学を対象としたシステム技術や制御技術だけでは対応できない。そこで、人間の知識を扱う知識科学とシステム工学の融合が必要と考え、北陸先端科学技術大学院大学の中森義輝教授を主査として、横幹連合の組織の中に「システム工学とナレッジマネジメントの融合に関する調査研究会：シスナレ研究会」を設立し、2006年度から活動を開始したのであった。

　シスナレ研究会の第1期の活動は、2006年4月から2008年3月までの2年間で、調査研究活動の成果は、電気学会C部門論文誌（Vol.124, No.4, 2008）の特集解説「サービスエンジニアリングへのシステム工学とナレッジマネジメントの融合アプローチ」やシステム制御情報学会誌（Vol.52, No.6, 2008）の「システム工学とナレッジマネジメントの融合特集号」としてまとめている。第1期は、主に、システム論、イノベーションを議論の対象として活動を進めた。第2期の活動は、2008年4月から2010年3月までの2年間である。私自身が企業から北陸先端科学技術大学院大学へ移り、文部科学省サービスイノベーション人材育成推進プログラムに取組み始めた時と同期する。第2期の活動では、サービスの視点で横断型科学技術を位置づけ、横断型科学技術とサービスサイエンス＆サービスイノベーションに関する調査・研究活動を進めた。

　もう1つの要因であるJAISTのMOSについては、設立に至った経緯を簡単に紹介しよう。近年、各方面でサービスサイエンスの重要性が叫ばれるようになった。これは、既存のサービス産業の生産性向上だけで

なく、製造業のサービス化や情報産業のサービス化を含む広い意味でのサービス産業の活性化が大きな対象である。

　サービスサイエンスの研究・教育についても、世界各地の大学を中心にその重要性が論じられるようになってきた。日本においても、2007年度から、文部科学省が産学連携によるイノベーション人材教育の一環として、「サービスイノベーション人材育成推進プログラム」を公募し、サービスイノベーション人材教育に力を入れ始めた。2007年度は35大学の応募の中から、東北大学、筑波大学、東京工業大学、京都大学、西部文理大学、明治大学が採用され、2008年度は40大学の応募の中から、滋賀大学、京都大学、神戸大学、北陸先端科学技術大学院大学（JAIST）、慶応義塾大学、早稲田大学、関西大学が採用されている。

　JAISTのサービス経営コースの生みの親は、故亀岡秋男教授である。JAISTでは、社会人教育の技術経営コース（以下、MOT: Management of Technology）が運営されており、その中でサービスイノベーションに高い関心が示されていた。MOTの設立にご尽力された故亀岡教授は、サービスイノベーション研究会を企画され、そこでの研究成果を『サービスサイエンス』(亀岡秋男, NTS, 2007) にまとめられた。そして、「MOTと連携するサービス経営コース（MOS）」の構想をお持ちであった。しかし、文部科学省のサービスイノベーション人材育成推進プログラムへの応募をされないままで、2007年に急逝された。

　2008年4月にJAISTに着任した私は、MOT担当の井川康夫教授から、故亀岡教授の構想に基づいて、文部科学省の上記プログラムへ応募してはどうかとの話をいただき、「MOTと連携するサービス経営コース（MOS）」の設立に取り組むことになった。提案書作成の過程で、JAIST片山卓也学長からサービスイノベーションにおける情報科学の重要性を示唆され、「情報科学と知識科学を基盤とするサービスイノベーション人材の育成」として提案し、採用されるに到った。2009年10月のMOS開設に向けて、学内では、知識科学研究科の國藤研究科長、情報科学研究科の落水研究科長ほかいろいろな方々から、また、学外では、立命館

大学、産総研、サービス工学研究会を始めサービス研究に関わっておられる多くの方々のご支援を賜った。こうした方々のご支援無しには、JAIST／MOSはスタートできなかったのであり、本書の執筆にあたって、関係者の方々に深く感謝申し上げる次第である。

　このような経緯があって、社会人教育としてのMOSの教育カリキュラム開発に取り組むことになった。サービスに関しては、私自身、企業の研究者時代に、保守サービス、インターネット利用サービス、情報システムのサービスアーキテクチャなど様々な具体事例を経験してきた。しかし、MOSの教育カリキュラムを検討するにあたり、サービスに対してしっかりとした学問体系ができていないことを改めて認識することになった。経営分野のサービスマーケティングやサービスマネジメント、IT分野のITサービス関連技術に関しては、すでに学問体系が確立されている。しかし、IT、経営、教育、製造業など様々な分野にまたがるサービスを、1つの学問体系として教育カリキュラムを構成する試みは、これまでになかったように思われる。そこで、私自身の経験も踏まえ、以下の4つの視点から教育カリキュラムを検討することにした。1つ目は知識科学の視点、2つ目は情報科学の視点、3つ目はビジネス科学の視点、4つ目は横断型科学技術の視点である。特に、JAIST/MOSは、サービスの起点である「人」を対象とする知識科学の視点と、そして「人の満足」を実現するために様々な技術やノウハウを統合する横断型科学技術の視点を特徴とし、サービスイノベーション志向の教育カリキュラムを作ることを狙った。

　サービスとは何か？　サービスに関してはいろいろな定義があるが、本書では、和倉温泉の著名な温泉旅館である加賀屋の小田会長に従って、「すぐれた技術やノウハウを提供して、お客様に満足していただき、それによって対価をいただく」行為と捉えることにした。サービスは顧客である人間の満足を追求し、それをビジネスシステムとして実現するという性格を持つ。これは、横幹連合のシスナレ研究会が狙っている、知識科学とシステム工学の融合領域の問題と捉える事ができる。そこで、

シスナレ研究会のメンバーに協力を仰ぎ、横断型科学技術の観点からサービス教育に対する新たな知見を見出し、JAIST/MOSの教育カリキュラムに反映させることにした。

　本書は、文部科学省の「産学連携による実践型人材育成事業としてのサービスイノベーション人材育成推進プログラム」の推進の中で、横断型科学技術とサービスサイエンス&サービスイノベーションに関係する横断型科学技術について検討した成果をまとめたものである。ビジネス分野のサービスマーケティングやサービスマネジメント、IT分野のSOA：Service Oriented Architectureやインターネットサービスとは異なり、横断型科学技術であるシステム論の視点でサービスを論じる。こうした新たな視点を導入することで、サービスイノベーションやサービスサイエンスに対する視野が広がることをめざした。

　サービスサイエンスやサービスイノベーションに対する学問体系や技術は発展段階にあると考えており、今後、様々な技術が開発され、実用化されていくであろう。そして、横断型科学技術が果たす役割はますます大きくなるであろう。本書は、そうした新たな展開に対してひとつの方向性を与えるものとなればと考えて企画した。

目 次

第1部　横断型科学技術と
　　　　サービスサイエンス＆サービスイノベーション —15

第1章●サービス経営コースにおける横断型科学技術の位置づけ —19
　1．はじめに ——————————————————————19
　2．海外におけるサービス教育の動向 ——————————20
　3．JAIST/MOSの考え方 ————————————————22
　4．MOSにおける横断型科学技術と本書の構成——————32
　5．おわりに ——————————————————————35

第2章●システム論の発展としての横断型科学技術論と
　　　　サービスサイエンスへの展開 ———————————39
　1．はじめに ——————————————————————39
　2．サービス設計の原型としてのシステム工学 ——————40
　3．システム工学から横断型科学技術へ —————————42
　4．システム論から横断型科学技術へいたる俯瞰的系譜 ——53
　5．サービスの基本モデルと産業での位置づけ ——————57
　6．横断型科学技術論による社会サービスの設計アプローチ —61

第2部　サービスシステムに対する顧客の要求分析技術—71

第3章●視覚化に基づくサービスの要求分析 ————————75
　1．はじめに ——————————————————————75
　2．要求分析における視覚化の事例 ————————————76
　3．家庭内サービスの要求分析 ——————————————78
　4．アウトソーシングサービスに対する要求分析 —————83
　5．おわりに ——————————————————————87

第4章 ● ペルソナ概念を用いたサービス設計へのアプローチ ―― 91
1. はじめに ―― 91
2. サービス設計におけるペルソナの活用と効果 ―― 92
3. ペルソナ構築技法 ―― 93
4. ペルソナ適用事例と考察 ―― 98
5. おわりに ―― 101

第5章 ● IT化サービスにおける顧客の目的価値実現 ―― 105
　　　　　―サービス指向要求開発方法論―MUSE
1. はじめに ―― 105
2. サービス工学のIT化サービスへの適用 ―― 107
3. IT化サービスの実態 ―― 108
4. 目的価値を実現する方法論―MUSE ―― 112
5. 大規模IT化事例 ―― 119
6. 中小規模IT化事例 ―― 124
7. おわりに ―― 127

第3部　サービス価値の共創 ―― 131

第6章 ● 共創のフレームワーク――サービス劇場モデル ―― 135
1. はじめに ―― 135
2. サービスの劇場モデルアプローチ ―― 136
3. 劇場モデルを用いたサービス提供プロセスの理解 ―― 139
4. サービスにおける価値共創の再考 ―― 147
5. おわりに――サービスイノベーションと価値共創 ―― 154

第7章 ● 顧客との共創による省エネ・CO_2排出量削減を狙った生産装備サービス ―― 157
1. はじめに ―― 157

2. 省エネ・CO_2排出量削減を狙った
生産装備サービスの概要――――――――――159
3. 顧客とサービス提供者の共創によるサービスの創生 ――161
4. 顧客とサービス提供者が共有できる
リスクシェアへの取り組み――――――――――163
5. 生産装備サービスにおける
異分野の知の統合と知識空間概念――――――――169
6. おわりに ―――――――――――――171

第8章●人・組織と情報システムとの共創による価値創造 ――173
―顧客とITベンダによる価値創造を通じた企業競争力の向上―

1. はじめに ―――――――――――――173
2. 情報システムの目的と経営価値の変化 ――――――173
3. 情報システムの経営価値向上のためのポイント ――176
4. 成功するアウトソーシングの勘どころ ――――――185
5. サービスサイエンスへの展開 ―――――――――196

第4部 サービス提供者のシステム最適化に対する
システム技術の展開――――――――――199

第9章●システム概念に立脚した
サービスシステムアーキテクチャ ―――――203

1. 情報システムにおけるシステムアーキテクチャ ―――203
2. サービスシステムアーキテクチャ開発における
サービス工学の示唆――――――――――209
3. 自律分散概念に基づいた
サービスシステムアーキテクチャ開発――――――211
4. 社会システムのサービス化に向けて ―――――――219

第10章●システム技術（最適化、モデリング、シミュレーション）
　　　　のサービスイノベーションへの応用――――――――223
　1．はじめに ――――――――――――――――――――223
　2．システム工学の最適化アプローチの
　　　社会基盤サービスへの適用―――――――――――――224
　3．ビジネスダイナミックスを活用した
　　　新サービス事業設計支援手法―――――――――――236
　4．おわりに ――――――――――――――――――――246

あとがき ――――――――――――――――――――――249

第1部　横断型科学技術とサービスサイエンス
　　　＆サービスイノベーション

第1部では、サービスサイエンスやサービスイノベーションにおける横断型科学技術の位置づけを明確にする。サービスサイエンスからみると、横断型科学技術は、IT技術、マネジメント技術、マーケティング技術などと同じように、サービスサイエンスを構成する1つの技術要素である。また、横断型科学技術から見れば、サービスサイエンスは、工学、理学、社会システム、産業システムなどと同様に、横断型科学技術を展開する応用領域の1つである。本書は、サービスサイエンスと横断型科学技術がクロスする領域を対象とする。こうした本書の狙いを明確にするのが第1部の目的であり、以下の2つの章で構成する。

　第1章は、小坂が、MOSを設立・運営する立場から、MOSにおける横断型科学技術の位置づけについて述べる。ここでは、MOSを概観し、サービスサイエンスやサービスイノベーションの視点から横断型科学技術を捉える。

　第2章は、横断型基幹科学技術研究団体連合（横幹連合）の活動に永年携わってきた舩橋が、システム論の発展としての横断型科学技術論とサービスサイエンスへの展開について述べる。ここでは、システム論を中心とした横断型科学技術の考え方が、サービス計画・設計の基盤技術となり得ることを示し、サービスサイエンスやサービスイノベーションにおいてシステム論的なアプローチが有効であると主張する。

　このように、横断型科学技術とサービスサイエンスが、それぞれの立場でお互いを位置づけることによって、サービスにおける横断型科学技術の重要性を認識できるようにする。

第1章 ● サービス経営コースにおける横断型科学技術の位置づけ

小坂満隆

（北陸先端科学技術大学院大学）

1. はじめに

　近年、各方面でサービスサイエンスの重要性が叫ばれるようになった。これは、既存のサービス産業の生産性向上だけでなく、製造業のサービス化や情報産業のサービス化を含む広い意味でのサービス産業の活性化が大きな対象である。そして、世界各地の大学で、サービスサイエンスの研究・教育の重要性が論じられるようになってきた。日本においても、文部科学省が、2007年度から産学連携によるイノベーション人材教育の一環として「サービスイノベーション人材育成推進プログラム」を公募し、サービスイノベーション人材教育に力を入れ始めた。

　サービスに関する教育は、既存のサービス産業を対象にして、サービスマネジメントやサービスマーケティングが、大学の経営学部で実施されている。また、情報分野のサービスに関しては、ITサービスマネジメントやサービス指向アーキテクチャ（SOA: Service Oriented Architecture）の技術開発が進み、情報系の学部でこれらの技術教育が行われている。一方、イノベーション教育に関しては、技術経営コース（以下MOT: Management of Technology）で社会人を対象にした教育が行われている。サービスイノベーション教育は、上記のようなサービスとイノベーションに関する既存の教育と関係すると共に、21世紀のサービスビジネス環境における新たな課題解決を対象にする必要がある。なぜなら、サービスに関する既存の教育体系ができた時代背景と21世紀

に我々が直面している時代背景は大きく異なっているからである。環境問題、グローバル化、高齢化、インターネットの広がりといった中で、人々が満足するサービスを提供することがサービスイノベーションに求められている。こうした視点でサービス教育を体系化したものは見当たらず、北陸先端科学技術大学院大学（以下 JAIST: Japan Advanced Institute of Science and Technology）のサービス経営コース（以下 MOS: Management of Technology）はこれに対する新たな取り組みであろう。

JAIST/MOS では、従来からサービス分野で対象としてきた、サービスマーケティング、サービスビジネスモデル、サービスマネジメントといった「ビジネス科学の視点」、IT サービスに関連した「情報科学の視点」に加えて、知識創造や人を科学する「知識科学の視点」と、これらの知識を融合して新サービスを生み出す知の統合のための「横断的科学技術の視点」を新たに導入して、4つの学問領域に基づく新たな教育カリキュラムを構成している。本章では、JAIST/MOS における横断型科学技術の位置づけについて述べる。

2. 海外におけるサービス教育の動向

まず、サービスサイエンスやサービス工学に関する海外のサービス教育の動向に関して簡単にふれておこう。サービス教育に関するサービス教育の動向については、科学技術振興機構の「サービスサイエンス」[1] に詳しい。また、文献やヒアリング調査などを通じ、以下のような傾向があることがわかった。

サービス先進国である米国では、サービス教育に関して、MBA でサービスマーケティングやサービスマネジメントなどの教育が行われている。最近は、これにネットワーク技術や IT サービス関連技術などの情報技術を組みわせて新たなサービス教育コースを作る例が数多くみられる[2]。また、UC Berkeley[3] では、「サービスサイエンスがサービスラ

イフサイクルにおいてどのような問題を解決できるのか」に着目して、サービスサイエンスという学問領域を定義しようとしている。そして、サービス社会の核となる人材として、T字型人材の重要性を指摘している。これは、サービスがいろいろな分野の知識を統合することの必要性を示しているものといえよう。

　欧州でも、米国と同様の動きが中心である。ドイツでは、サービスは実学的な要素が大きい[4]として、高等教育課程におけるサービス教育は、講義による座学だけでなく、セミナーによるケーススタディと企業でのインターンシップによる実習を重視している。また、サービスは、単一の学問領域（Singlediscipline）ではなく、Multidiscipline や Interdiscipline, Transdiscipline のように複合的な学問領域の視点が重要であるという点も指摘している。

　中国では、サービスの研究・教育に従事する関係者からのヒアリングを通じて、サービス関連の研究・教育は有力大学が情報交換を行いながら、基礎論から IT サービスやマネジメントまでの応用を含めた教育プログラムを開発していることがわかった。特に、中国では情報化社会の進展に合わせて IT 人材の育成が急務であり、北京大学のケース[5]のように、IT 人材育成のために、IT 企画からデータ管理、IT サービスマネジメントなど IT サービス工学を体系化して教育しているのも特徴である。

　こうした海外のサービス教育に対する調査事例でも、T字型人材、Multidiscple、Transdiscipline などのキーワードが出てきており、横断型科学技術に通じる考え方がいくつも報告されている。しかしながら、それをどう教育カリキュラムに組み込んでいくかに関する具体的な報告事例は見当たらないようである。

3．JAIST/MOSの考え方

3.1　サービスイノベータ育成のための社会人教育

　こうした世界のサービス教育の動きに対して、JAIST/MOSでは、サービスによるイノベーション創造という考え方を重視する。顧客視点に基づくサービス価値は何かを追求することにより、新たな課題やビジネスチャンスを発掘し、イノベーションに結び付けようとする考え方である。たとえば、Googleや携帯電話の各種サービスのように、インターネットを中心とするIT技術と新しいサービスが収斂することで新サービス事業が創造された例は数多くみられる。21世紀のサービスイノベーションを牽引するサービスイノベータ教育は、サービス産業の生産性向上だけでなく、こうした動きを反映したものでなくてはならない。サービスイノベーションの中心的なコンセプトは、顧客にとっての価値創造なのである。

　顧客視点に基づくサービス価値創造のためには、技術だけでなく、人間や社会に関する様々な知識を必要とする。そして、新たなサービスを事業として育成するには、マネジメント系の知識も必要である。こうしたサービスイノベーションに必要とされる、技術系、人間系、社会系、マネジメント系の知識に基づいて、新コンセプト創造力、システム統合力、実践力、人間力を身につけることがサービスイノベータに要求される。この考え方は、まさに、横断型科学技術の目指している方向性と一致する。

　また、サービスサイエンスやサービスイノベーションは、発展途上にある学問領域である。新たな有効なアイデアやサービスは学問領域からではなく、実際のビジネス現場の中で生まれ育ったものが多い。最近のサービスは、サービス業だけでなく、製造業、情報産業、大学など様々な領域からアプローチされている。こうした点を考慮すると、社会人教育コースとしてのMOSは、サービスに関連する様々な技術やこれまで

のベストプラクティスを習得し、自分自身が抱えるサービスに関する問題を修士論文の課題に設定して研究を進める、理論と実践の融合を目指したものが望ましいと考えられる。そこで、最新のサービス技術と幅広い知識に関する科目履修、ゼミによるサービス研究や事例の討論、修士論文研究、からなるMOSコースを設計することにした。これは、既存の社会人教育であるJAIST/MOTと共通した考え方である。

3.2 MOSの教育カリキュラム構成に関する考え方

(1) サービスイノベーションに対する四つの視点

海外のサービスサイエンス教育で見たように、サービスに関する教育カリキュラムの構成は、サービスマーケティングやサービスマネジメントのようなビジネス科学とIT技術やインターネット技術などの情報科学を融合して新たな教育カリキュラムを作る例が多い。特に、インターネットは、時間と空間の制約を取り除いて新たなサービスを考案するという点で、サービスイノベーションを議論する上で重要な要素である。JAIST/MOSでは、これら2つの科学に加えて、図1.1に示すように、知識科学と横断型科学技術を重視する。なぜなら、サービスは顧客である人間の満足とそのための価値創造を必要とする。知識科学は、「顧客満足のための価値創造は新たな知識創造によって行われる」という点と、「顧客満足の分析には、顧客とサービス提供者である人を対象にした科学が必要である」という点で重要である。また、横断型科学技術は、ビジネス科学、情報科学、知識科学における様々な技術を統合して、システム論的なアプローチにより新たなサービスを生み出すための統合化の手段として重要である。以下に、それぞれの科学技術とサービスとの関係を簡単に説明する。

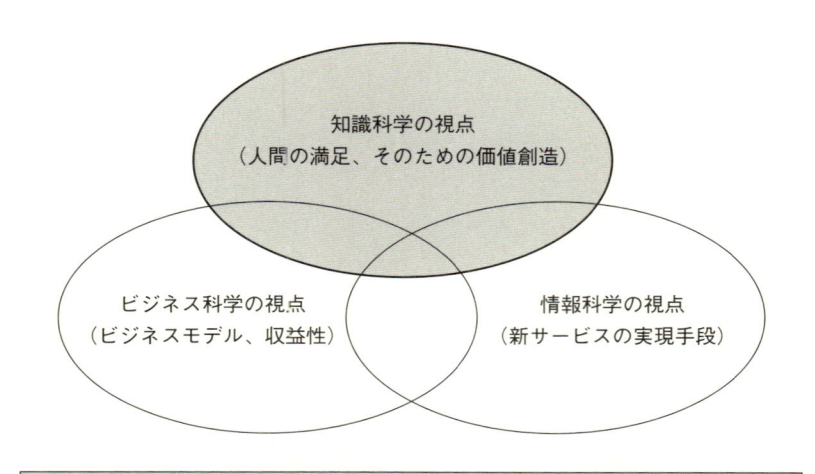

図1.1　サービスイノベーションへの4つの視点

(2) サービスに対する知識科学の視点

【サービスの定義と知識科学の重要性】

図1.2に、亀岡[2]が定義した顧客総合価値の考え方を示す。亀岡は、サービスを「人や組織がその目的を達成するために必要な活動を支援する行為」と定義している。そして、サービスを知識科学的に解釈すると、「サービスは顧客にとっての価値創出のための知識創造」であり、「知識をサービスという行為を通して表出しビジネス化する」のがサービスビジネスであるとしている。すなわち、サービスは、人の知識創造と密接に関係するとする考え方である。

【顧客の価値向上に向けた知識創造】

「サービスは顧客にとっての価値創造のための知識創造」という亀岡の考え方に立つと、顧客やサービスを提供する従業員の分析、すなわち、人に関わる科学が重要である。サービス産業における従業員のモチベー

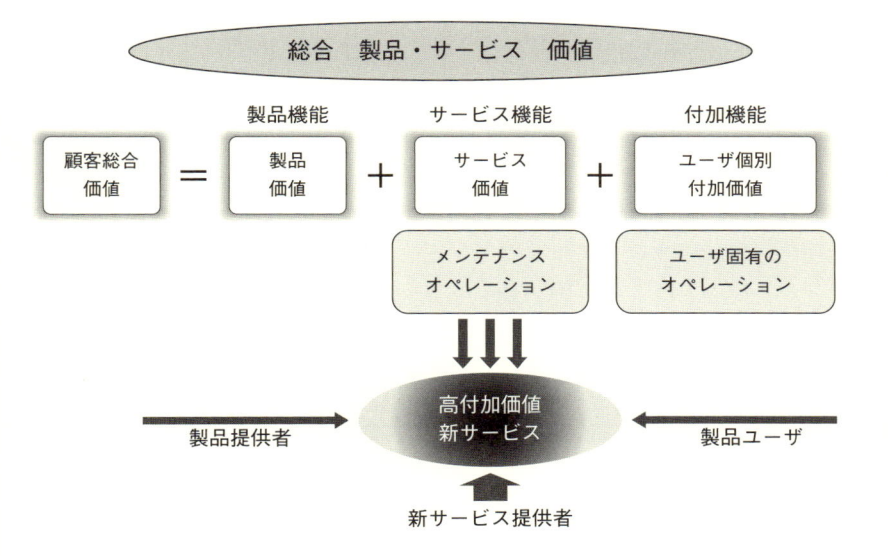

図1.2　顧客総合価値とサービス価値
（亀岡[2]、P.201、図6.2を引用）

ションとサービス品質の関係、デザインのサービスに与える影響、おもてなしの心、サービスに関する口コミなど、人に関する様々な分析が対象となる。これに対して、従来は、社会科学分野のアンケート分析や心理学による顧客心理の研究がサービスの分野で行われていた。これに加えて、最近研究が進められているエスノグラフィー、ペルソナ、サービスデザイン、光トポグラフィーによる脳計測など、人を対象にした様々な新しい科学技術がサービスイノベーションに対して活用されるべきであろう。

【知識経営からみたイノベーションの本質】

サービスイノベーションは、1つのイノベーション創造である。野中ら[6]によれば、「イノベーションの本質は、知識創造プロセスであり、知識創造は人が主役である。イノベーションは合理的、分析的方法論か

らは導かれない」、「高質な経験の機会を付与する実体験と実践との組み合わせが必要」としている。こうした知識経営の視点からのイノベーション論もサービスイノベーションでは重要である。

(3) 情報科学の視点
【サービスイノベーションの実現手段としてのIT技術】

IT技術は、様々な分野のサービスに利用され、サービス価値向上に寄与してきた。近年のサービスイノベーションは、IT技術の進展によってもたらされてきたと言っても過言ではない。具体的に、顧客接点のフロントステージ、サービスを用意し分析するバックステージ、それをつなぐネットワークの視点で、サービスにおけるIT技術の意義を考えてみよう。フロントステージでは、ユビキタス情報システムの環境が整うことにより、使いやすい、場所を問わないサービスインタフェースが登場し、サービス提供手段が格段に向上した。バックステージでは、顧客やサービスに関する様々な情報を蓄積し、これをデータマイニング技術などによって活用することで、顧客のサービス満足度の向上を目指すことが可能になった。さらに、ネットワークでは、インターネットを活用することで、時間と空間の制約をなくし、様々なサービスを連携させることができるようになった。こうした技術の進展が、サービスイノベーションを加速している。そして、これらの新しい情報技術をいかにしてサービスの中に取り込んでいくかが、サービスイノベーションにおける重要な課題である。

【情報分野におけるITサービスに関する技術体系】

情報分野においては、ITサービスという1つの技術分野が体系化されている。これは、情報システムビジネスをサービスという視点で体系化したものであり、以下のような5つの要素で構成されている。

① 業務分析、価値分析、ニーズ分析を行うIT企画
② SOA（Service Oriented Architecture）やWebサービスなどのサービスIT技術

③ DBMS（Data Base Management System）やデータマニングとCRM（Customer Relationship Management）などの応用分野からなるデータ管理
④ QoS（Quality of Service）、メンテナンス、IT資産化などのIT利用管理
⑤ ITIL（Information Technology Infrastructure Library）などのITサービスマネジメント

こうしたITサービス関連技術もMOSの教育カリキュラムの対象といえる。

(4) ビジネス科学の視点
【サービスマーケティングやサービスマネジメント】
　サービス産業を対象としたサービス技術は、これまでにサービスマーケティングやサービスマネジメントとして、MBAで体系的に教育されてきた。たとえば、C. Lovelock[7]は、サービスマーケティングを以下のように体系化している。
① なぜサービスを学ぶ？
② サービスプロセスの理解
③ 顧客コンタクト、顧客から見たサービス
④ サービスの生産性と品質
⑤ リレーションマネジメントと顧客ロイヤリティ
⑥ サービスのポジショニングとデザイン
⑦ 苦情への対処とサービスリカバリー
⑧ 顧客エデュケーションとプロモーション
⑨ 需要と供給のマネジメント：価格理論
⑩ サービス劇場モデル
⑪ 行列と予約（待ち行列、イールドマネジメント）

　こうした既存のサービスマーケティングに関するビジネス分野の技術は、サービスの持つ本質的な特徴を体系化しており、サービスを議論す

る上で必須の知識体系である。新しい時代のサービスイノベーションも、こうしたサービスに関する基本的な知識に基づいて議論すべきであろう。

【ビジネスモデル】

ビジネスモデルも、サービスイノベーションを議論する上で不可欠である。新事業創生やイノベーションでは、技術の新規性だけでなく、サービスビジネスモデルの新規性が重要である[7]。技術経営（MOT）では、技術の視点からイノベーションを論じた。しかし、世の中の多くのイノベーションが顧客のニーズに基づくサービスビジネスモデルの変革によってもたらされている。たとえば、アスクルのように時間という価値に着目した新しいビジネスモデルによって成功を収めた例がいくつもある。MOSは、サービスの視点で新たなビジネスモデルを考え、サービスイノベーションを議論する。MOTとMOSの関係は、技術的な観点でイノベーションを検討するか、サービスビジネスモデルの観点でイノベーションを検討するか、という表裏一体の関係にあるといえる。

寺本ら[8]によれば、ビジネスモデルは、第1世代から第5世代へ、ハードウェアビジネスからソフトウエアビジネス、サービスビジネスへとビジネス環境の変化によって進化してきた。インターネットが社会インフラとなった第5世代のビジネスモデルでは、GoogleやYouTubeのようにサービスがネットワーク化され、多くの人を取り込んだビジネスモデルとして進化しており、新しいサービスイノベーションビジネスモデルの一つの形態になっている。サービスビジネスモデルの実現は、新ビジネスシステムの創造であり[9]、ビジネスシステムとして、ビジネスの収益性、ビジネス組織、ビジネスにおけるリスク管理などを考慮しなければならない。

（5）横断型科学技術の視点
【サービスにおける横断型科学技術の重要性】

サービスサイエンスを議論する欧米の文献では、サービスサイエンス

は、TranscriptlineやInterdisciplineを必要とする学問であるという記述が多い。これは、サービスが技術だけでなく、人間の心理や社会的環境に依存するものであり、価値観、経験、知識創造が重要であるという認識に基づいている。こうした動きは、横幹連合の方向性とも合致する。新サービスの創造プロセスは、多分野の知識融合プロセスであり、このために文の知と理工の知を統合する目的志向の学問を必要とする。これに対する期待が横断型科学技術である。我々は、横幹連合を設立するときに、図1.3のように横断型科学技術 (Transdisciplinary Science and Technology) を位置づけた[10]。すなわち、産業の発展や社会生活の向上という目的に対して、要素技術である縦型技術を統合し、人間のニーズ実現のためのエンジニアリングや方法論（形式論、価値論、発想論など）を提供する技術である。これは、サービスイノベーションを実現する上でも重要な考え方である。

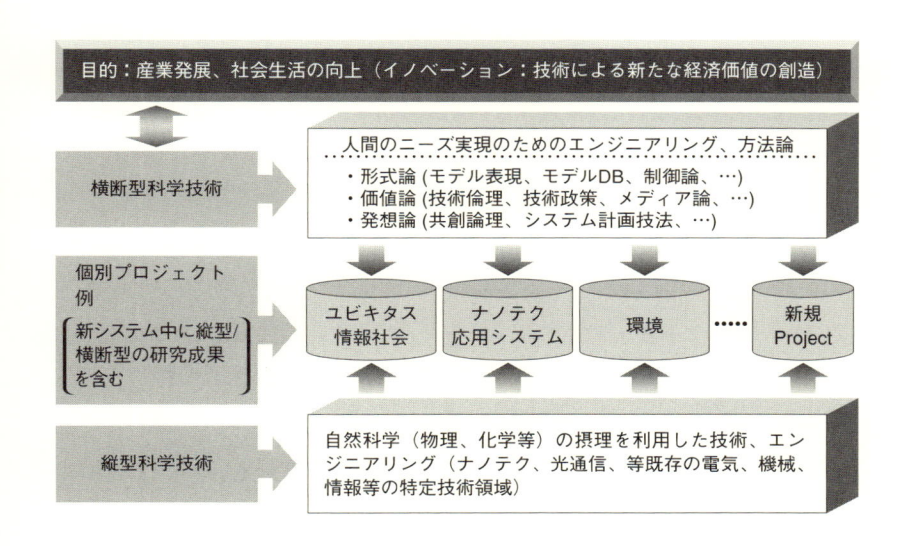

図1.3　横断型科学技術の位置づけ

【T字型人材の重要性】

サービスイノベーションは、人を包含したサービスシステムをシステムとして実現することであり、これは複数の縦型技術を融合することで可能となる。複数分野の知識を融合する上で必要となるのが、T字型人材、Π字型人材である。1つ以上の専門性と多くの分野の知識を理解できる人材がプロジェクトリーダを務めることで、異分野の知識融合が行い易くなる。T字型人材の重要性と横断型科学技術の重要性は同じ問題認識から生まれている。

3.3 MOSの教育カリキュラム構成

MOSは、MOTと同様に社会人対象の修士課程として開設され、科目履修10科目20単位、修士論文研究8単位、副テーマ研究2単位を修得することで、修士学位が与えられる。MOSの教育カリキュラムに関しては、3.2の議論に基づいて、4つの視点からサービスイノベーション人材教育のあるべき姿を考え、既存のMOTの教育カリキュラムや情報科学の教育カリキュラムに不足するサービスイノベーション特有の科目を新規に開発することにした。新規に開発されたMOSコースの科目と既存のMOTコースの科目や情報科学の科目と合わせて、MOS社会人学生がサービスイノベーションに必要とされる知識を習得できるような体系を狙った[11]。

サービスイノベーション特有の新規科目を、サービスをビジネスの視点で論じるサービスイノベーション論、サービスの設計方法論を論じるサービス技術設計論、情報分野のサービスを論じる情報サービス技術論の3つに分類して、MOSの初年度は以下のような15科目を開発した。

サービスイノベーション論は、以下の5科目で構成する。
(1) サービスイノベーション概論：サービスイノベーション、サービスサイエンスの現状、サービス技術の体系化、MOSの目的と全体構成に関して概観する

(2) サービス創造論：サービス価値論を中心に、サービス価値創造の方法論として、日本特有のおもてなしの心、サービスロードマッピング、顧客満足などを展開する
(3) マーケティングイノベーション：コモディティ化に対するマーケティング、モバイルマーケティングなどの新しいマーケティング論をサービスの視点で捉える
(4) 製造業のサービス化論：製造業におけるサービス化を、事例を中心に捉え、製造業のサービス化に共通する生産性、ビジネスモデルなどを対象とする
(5) サービスリスク・マネジメント：サービス業における、ファイナンス、組織、研究開発ほかの様々なリスク要因に関して、リスクの内容とその対応に対する知識を修得させる

　サービス設計技術論は、横断型科学技術の視点と人間に関する科学の視点で、以下の5科目で構成する。
(1) 横断型科学技術論：サービスを知の統合と捉え、システム工学の分野横断的な技術をサービスに展開する
(2) サービス工学と事例分析：産業総合技術研究所のサービス工学センタで調査研究している様々なサービス事例をサービス工学視点で体系化する
(3) ネットワークサービス・イノベーション論：ネットワーク技術、ICT技術とサービスイノベーションの関係について修得させる
(4) デザインとサービスイノベーション：人間中心デザインの視点での構想力を養う
(5) ビジネスとエスノグラフィー：文化人類学の手法をビジネスに取り込み、生活者を観察することで新たなサービスを着想する新しいサービス方法論を展開する

　情報サービス技術論は、情報分野に関連するサービス技術を体系化し、以下の5科目で構成する。
(1) 情報産業のサービス化論：情報産業のビジネスモデルの変化とそれ

表1.1 MOSの教育カリキュラム体系

系	科目	系	科目
人間系	科学哲学、科学史	技術系	横断型科学技術論
	科学技術者の倫理		サービス工学と事例分析
	知識経営論		ネットワーク・サービスイノベーション論
	先端認知科学概論		ITサービスマネジメント論
	技術マネジメント・リーダーシップ実践論		ITサービスアーキテクチャ論
	ベンチャビジネス実践論		ITベースビジネス設計論
	ビジネスとエスノグラフィー		新概念創生論
	サービス創造論：おもてなしの心		知識システム論
	デザインとサービスイノベーション		科学計量学
社会系	製造業のサービス化論		システム科学方法論
	情報産業のサービス化論	マネジメント系	サービスマネジメント論
	サービスイノベーション概論		サービスリスク・マネジメント
	インターネットサービスシステム論		マーケティングイノベーション
	イノベーション概論		研究開発マネジメント論
	比較知識制度論		戦略ロードマッピング
	社会科学方法論		組織経営論
	企業科学		経営戦略論
	実践的社会調査法		産学連携マネジメント論
	知識・技術経営政策論		プロジェクトマネジメント

を支える技術を体系化する
(2) ITベースビジネス設計論：企業の経営戦略を、ITシステムを活用してどのように企業システムとして実現するかに関する企業システム設計論を展開する
(3) ITサービスアーキテクチャ論：SOA、Webサービスなどのサービスを指向した情報技術と、これを利用したサービスシステムアーキテクチャを修得させる
(4) ITサービスマネジメント論：ITIL、SLAなどのサービスマネジメント技術を修得し、アウトソーシング、オフショア、情報システム企画などへ応用する
(5) インターネットサービスシステム論：情報検索技術、SNSなどの新しいインターネット技術とそれを応用したサービスビジネスとビ

ジネスモデルに関して学ぶ

以上のサービスイノベーションに関する新科目に加え、既存の社会人教育コースで提供されている科目を合わせて、表1.1に示すように、人間系、社会系、技術系、マネジメント系をバランスよくカバーできるMOSの教育カリキュラムを構成した。こうした科目構成により、分野横断的なソリューションを構築できるT字型人間の育成を行うことを狙った。

4．MOSにおける横断型科学技術と本書の構成

横断型科学技術がどういう体系であるかに関する議論は、横幹連合でも様々な議論が行われている。横断型科学技術は、その言葉が示すように、いろいろな分野に関連する科学技術である。ここでは、横断型科学技術を以下のように3つのタイプに分類して捉える。

(1) 技術や方法論が分野横断的に適用できる。たとえば、シミュレーション、最適化技法、問題構造化技法、モデリングアプローチがあり、いろいろな分野に応用可能な要素技術で、システム論はこの範疇に属する。

(2) コンセプトや技術体系、アナロジーが分野横断的に適用できる。たとえば、自律分散技術、場の概念、サービス劇場モデルがこれに該当する。自律分散技術は、システム制御分野で確立されてきたが、サービス分野においても、組織論においても、そのコンセプトが有効に活用できる。また、サービス劇場モデルは、劇場モデルという型をサービスに展開するという意味で、分野横断的なアナロジーが適用できる例である。

(3) サービス創造に必要な技術やノウハウは分野横断的に存在するので、これらを統合することが必要である。このために、分野横断的な知の統合を支援するフレームワークが必要となる。

これらの横断型科学技術をサービス設計の視点で捉えなおしてみよう。サービスシステムは、人を包含したシステムであり、顧客の満足を具現化するために様々な分野の知識を統合する。そこで、サービス設計論のための横断型科学技術を、図1.4に示すように3つのタイプに分類する。

(1) 顧客の要求分析：人のニーズや要求をサービスシステムに取り入れるための技術で、ニーズを具現化する技術や人に関するモデリングに関する技術体系
(2) サービス価値の共創：顧客とサービス提供者の共創によりサービス価値を創り出すための技術で、分野横断的な知の統合や共創のフレームワークに関する技術体系
(3) サービス提供者のシステム最適化：サービスをシステム論的に体系化したり、サービスプロセスの最適化を支援するシステム工学やシミュレーション等の分野横断的な技術体系

　これらの横断型科学技術は、様々なサービスシステムやサービス事業

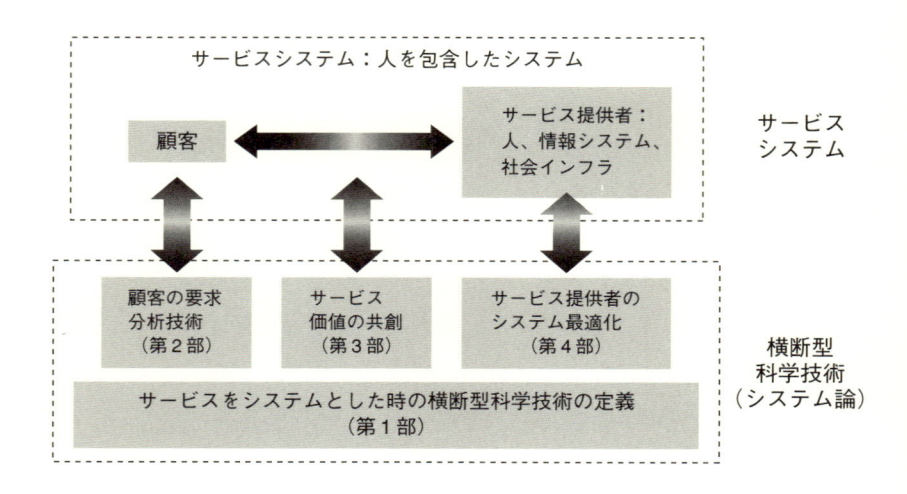

図1.4　サービスシステムと横断型科学技術

の中で活用され、成功をおさめたものが数多くある。そして、MOSの講義の中で、事例としてとりあげられている。本書の狙いは、サービス設計論に対する横断型科学技術の有効性を、具体的な成功事例を通じて示すことにある。

　本書では、以上の考え方に基づいて、図1.4に従ってサービスイノベーションに関連した横断型科学技術の内容を4部構成でまとめることにした。第1部は、横断型科学技術とは何かを定義し、サービスシステムにおける横断型科学技術の位置づけについて述べる。第2部は、システムズアプローチを応用した顧客の要求分析に関する技術を取り上げる。サービスの本質が顧客の価値創造であり、その結果が顧客満足につながるという視点に立てば、顧客の要求分析の重要性が理解できよう。第3部は、顧客とサービス提供者による共創を通じた顧客価値の創造である。サービス価値の創造は、顧客とサービス提供者の共同作業によって初めて実現できることを強調したい。第4部は、サービス提供者側のシステム最適化に関するシステム技術である。従来から工学系のシステムへと応用されてきたシステム技術が、サービスシステムに対しても有効に活用できることを示したい。

5. おわりに

　サービスサイエンスやサービスイノベーションの分野では、Multidiscipline、Interdiscipline、Transdisciplineといった知の融合や統合が重要であると指摘されているが、具体的な技術論を展開した文献は見当たらない。本書は、サービスに対する横断型科学技術の有効性を具体例を通じて示すことをねらった。

　20世紀は工業化の時代であり、電化製品、自動車、化学製品など様々な工業製品を生み出すことによって人間生活を豊かにしてきた。20世紀後半から、人の知りたいという欲求を満たすための情報技術が発達

し、インターネット、パソコンをはじめとする様々な情報システムが社会生活のインフラとして浸透し、人間の生活の中で情報が大きな役割を果たすようになった。そして、Google、Yahooといった新しい情報サービス事業が起こってきている。こうした産業の流れの次に求められるのが、人間の満足を追求する産業であろう。ここでは、工業化製品や情報ネットワークに、様々なサービスを組み合わせることで、顧客満足を狙うユーザ視点のアプローチが重要である。

　人間の満足を追求する、そのために様々な知を統合し協調させる、そして、システム的な観点に立って、最適化や様々なツールを利用して、サービスをより良いものに育てていくということが、サービス指向の社会に要求され、それに答えることができるのが横断型科学技術であろう。大学における高等教育も、工業化の時代は、工学部を作り、エンジニアを育てて世の中に送り出した。情報化の時代には、情報科学や情報工学の学部や学科を作り、情報技術者を育ててきた。21世紀のサービスの時代に何を教え、どういう人材を育てるかが問われており、このための新しい教育体系が求められているといえよう。本書で提案する横断型科学技術は、そうした方向に対して1つの回答を与えるものであると願いたい。

参考文献
(1) 科学技術振興機構:『サービスサイエンス』, (2009)
(2) 亀岡秋男:『サービスサイエンス』, NTS (2007)
(3) R.J. Glushko: "Designing a service science discipline with discipline", *IBM System Journal*, http://www.research.ibm.com/journal/sj/471/glushko.htm
(4) B. Stauss, K. Engelmann, A. Kremer, A. Luhn: *Services Science*, Springer (2008)
(5) F.C. Tung: "A Reference Curriculum for Service Engineering", Peking University (2008)
(6) 野中郁次郎, 勝見明:『イノベーションの本質』, 日経ＢＰ (2004)

(7) C. Lovelock, L. Wright（小宮路雅博訳）:『サービスマーケティング原理』, 白桃書房（2001）
(8) 寺本義也, 岩崎尚人, 近藤正浩:『ビジネスモデル革命第2版』, 生産性出版（2007）
(9) 小坂満隆:「新事業創生におけるシステム工学とナレッジマネジメントの融合」, システム/制御/情報, Vol.52, No.6, pp.221-227（2008）
(10) 舩橋誠壽, 本間弘一, 小坂満隆:「企業における横断型科学技術の重要性」, 計測と制御, Vol.42, No.3, pp215-221（2003）
(11) 北陸先端科学技術大学院大学:「技術のわかる経営者、経営のわかる技術者」, MOTパンフレット
(12) Jim Spohrer, Stephen L. Vargo, Nathan Caswell, Paul P. Maglio: "The Service System is the Basic Abstraction of Service Science", *Proceedings of the 41st Hawaii International Conference on System Science*（2008）

第2章 ● システム論の発展としての横断型科学技術論とサービスシステムへの展開

舩橋誠壽

（日立製作所システム開発研究所）

1. はじめに

　システム工学は、多数の要素からなる人工物を構築するための技術として発展してきた。サービスシステムも一種の人工物であるから、システム工学にその設計方法を準拠することができると期待される。ピラミッドを作ることができたのは、古代エジプトに、立派なシステム工学が存在したからであろう。しかし、システム工学の源流をここに見出すことは難しい。システム工学は、1940年頃に起こったシステム運動の系譜として位置づけられるのが普通である。

　本章では、まず、システム工学やシステム論の発展経緯を概観する。さらに、情報技術の著しい普及がもたらす知識情報社会におけるシステム論として、最近、生まれつつある横断型科学技術論を紹介する。

　初期のシステム工学が目指すものは、巨大で複雑なモノの実現であった。しかし、サービスを提供するには、どのようなコト（プロセス）が望まれているかを探索し、具体化を図ってゆかねばならない。コトつくりを掲げる横断型科学技術論がどのような展開をすればサービス設計に応えられるかを吟味する。

2. サービス設計の原型としてのシステム工学

　システム工学は、人工物の創成・設計のための汎用論理である。1960年代に、アポロ計画として、人類を月に送るために、さまざまな技術を統合し、1000万点の部品からなる有人宇宙航行システムが作られ月との往復が実現できたのは、ひとえにシステム工学によるものと考えられている。

　システム工学の嚆矢は、1940年代のBell研究所による通信網の計画とされている[1]。これを半世紀以上遡る1882年に、T. エジソンは、自らの発明である白熱電球を販売するために、ニューヨークに電力供給システムを構築して、製造業からサービス業への展開を図っている。今日、巨大なコングロマリット企業であるGEの創業である。このようなGEの歴史は、システム的な視点を育み、1960年代には、GE研究開発センターのH. チェスナットはアポロ計画に寄与するだけではなく、システム工学を方法論としてまとめ、さらに、その応用分野として、情報システム、技術開発システム、公共事業システムなど今日的な課題を構想している[2]のは大変に興味深い。

　システム工学は、アポロ計画に見られるような米国航空宇宙局（The National Aeronautics and Space Agency: NASA）をはじめとする航空宇宙・軍需産業で実用されてきたが、1990年には、国際的な共通認識の下にシステム開発を行なうことが望ましいとの考えに立って、システム工学に関する国際協議会（The International Council on Systems Engineering: INCOSE）が設立された。ここでは、システム工学とは問題定義から結果の評価までの7つのステップ（SIMILAR Process: State the problem、Investigate alternatives、Model the system、Integrate、Launch the system、Assess performance、and Re-evaluate）を行う問題解決法とされるようになった。この活動を受けて、米国電気電子学会IEEE（The Institute of Electrical and Electronics Engineers, Inc.）は、1998年に、システム工学のプロセスに対する応用とマネジメントに関する標準IEEE

1220-1998を定め、その後も幾つかの改訂を行なってきている。

NASAや関連する機関の多くが目指したシステム工学は、ハードシステムズ・アプローチと呼ばれる。ここでは、達成すべき目標はすでに明らかになっており、この目標をひたすら追求することを使命としている。これに対して、社会システムでは、目標自体が不明確であり、また、複数の関与者の間の利害調整を必要とすることが、いくつかの適用経験から認識されるようになった。このような状況に応えようとする方法論はソフトシステムズ・アプローチと呼ばれ、この代表事例といえるP.チェックランドらによるソフトシステムズ方法論（Soft systems methodology: SSM）[3]が提唱されるに至った。彼は、表2.1に示すようなシステムのカテゴリ化を行い（縦軸、横軸は著者による）、ハードシステムズ・アプローチは物理世界に対する方法論であり、ソフトシステムズ・アプローチは人間世界に対する方法論とした。

21世紀に入り、ハードシステムズ・アプローチとソフトシステムズ・アプローチは、相互にその存在を認識して、新しい段階を迎えなければならなくなっている。人工的物理システムといえどもこれを統括するのは人間活動システムであるので、ソフトシステムズ・アプローチからの検討が不可欠であり、また、人間活動システムといえども情報通信技術など人間の情報処理にかかわる人工的物理システムの進歩を活用するハードシステムズ・アプローチを欠くことができないからである。

今日、物理学に準拠した伝統的な科学技術は、絶え間ない進歩を遂げ

表2.1　チェックランドによるシステム分類

	原始状態	複合状態
物理世界	自然システム （物理現象）	人工的物理システム （発送電網、鉄道網、…）
人間世界	人工的抽象システム （文学、哲学、数学、…）	人間活動システム （組織、社会、国家、…）

るにもかかわらず、これらだけではとても解決できない、多様な事象が複雑に絡み合った問題に我々は直面している。たとえば、地球温暖化問題や南北格差問題はその典型例である。システムズアプローチの立場から、これらの問題への取組みは、環境問題に対する「成長の限界[4]」や世界問題に対する「DMATEL（Decision Making Trial and Evaluation Laboratory）[5]」にみられるように1970年代に行なわれた。当時は、これらが世の中に警鐘をならすという大変に大切な役割を果たしたが、今日では、状況は問題解決を本当にしなければ破滅に陥ってしまうほど追い詰められている。

　このような状況に対する新しいシステムズアプローチとして、横断型科学技術（Transdisciplinary science and technology）が提唱され始めている。横断型科学技術の構築は、その素材に関する認識はあるものの、未だ始まったばかりで、知識体系が確立しているわけではない。しかし、伝統的な個別の科学技術の進歩を活用しつつ、今日の深刻な問題に対する具体的な解決指針を与えるものと期待されている。

　後に述べるように、今日、社会で強く求められているサービスシステムは社会的な分野であり、ここでは、多様な関与者の利害調整と同時に、先端技術の活用が望まれているという特性をもっている。サービス設計のために、さまざま知識を統合しなければならないと想定すると、未成熟ながらも知識統合の基盤として発展を遂げようとしている横断的科学技術の動向を十分に掌握しておかねばならない。

3．システム工学から横断型科学技術へ

　横断型科学技術は、今後、必要とされるサービスシステムの計画設計のための基盤技術を提供するものと位置づけたが、ここでは、システム工学の発展経緯からその姿を述べる。以下では、単に、SIMILAR processというステップ論ではない内容議論として、ハードシステム

ズ・アプローチの骨格をなす形式論的システム技法とソフトシステムズ方法論（SSM）について紹介し、次に、これらを止揚するものとして考えられている横断型科学技術の構想を述べよう。

3.1 形式論的システム技法

対象とする課題に関する知識を形式的なモデルという表現に置換えて、このモデルに基づいて、システムの計画・設計を進めようとする考え方である。この具体的な事例として、MITで開発されたDesign

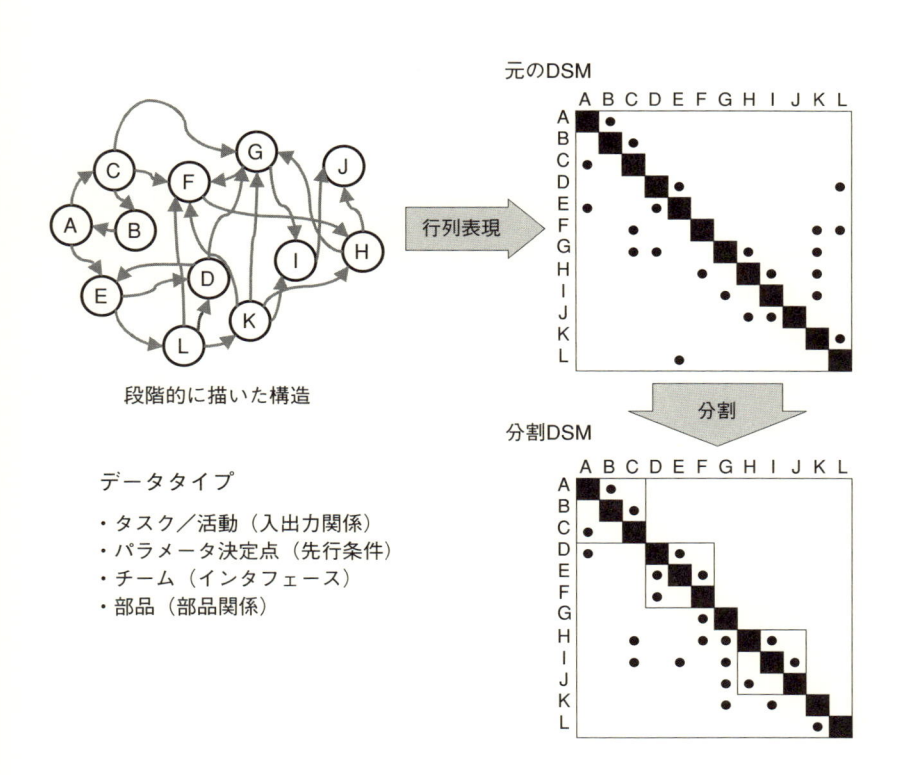

図2.1　Design Structure Matrix（DSM）の基本的な考え方

Structure Matrix (DSM) やこれを設計枠組みとした Axiomatic Design を述べよう。DSMを提唱したD. スチュワードは、設計の過程ではいろいろなアイデアが生まれるが、これらのアイデア間の関係は、図2.1の左上に示すようなネットワークを形成しているので、これを整理して、全体的な因果関係を把握することが大切であること、この全体把握には、ネットワーク構造を行列表現することによって単純化することが効果的であると提案した[6]。ここに、ネットワークのノード・アークとして想定されるのは、仕事（タスク）・前後関係、設計パラメータ・先行関係、部品・包含関係などである。この考えは、Bell研究所でのシステム工学の流れを汲むJ. D. ヒルズとJ. N. ウォーフィールドによって提案された構造モデル[7] をとくに設計の場面に焦点を当てたものといえる。

DSMの適用範囲は、Axiomatic Design[8] の名の下にN. P. スーによって拡張され、顧客価値を満足化するためのシステム設計法として定着した。図2.2にスーが例示した分野ごとのパラメータを示す。なお、顧客価値満足化という設計論は、赤尾洋二によって1966年に提案された品質機能展開（Quality Function Deployment: QFD）が端緒とされている。

DSMやAxiomatic Designを生出したMITは、いまなお、このような形式論的システム技法の研究開発に取組んでいる。たとえば、J. E. バートロメイは、図2.3に示すように、環境－社会－機能－プロセス－技術の相互関係をグラフ化することによって、社会と技術が密接に関連する問題での俯瞰的な視点の獲得と中心的な課題の摘出を企てている[9]。

形式論的システム技法は、計算機パワーを活用して、効果的にシステムの計画・設計を行うというよい方向性を示しているが、問題領域のグラフ開発コストが極めて大きいという難点がある。1つの解決策として、インターネット上の信頼できる情報に対して、テキストマイニング力を援用することによって要因間の先験的な関係を求めるという方法が考えられ、今後の発展に期待したい。

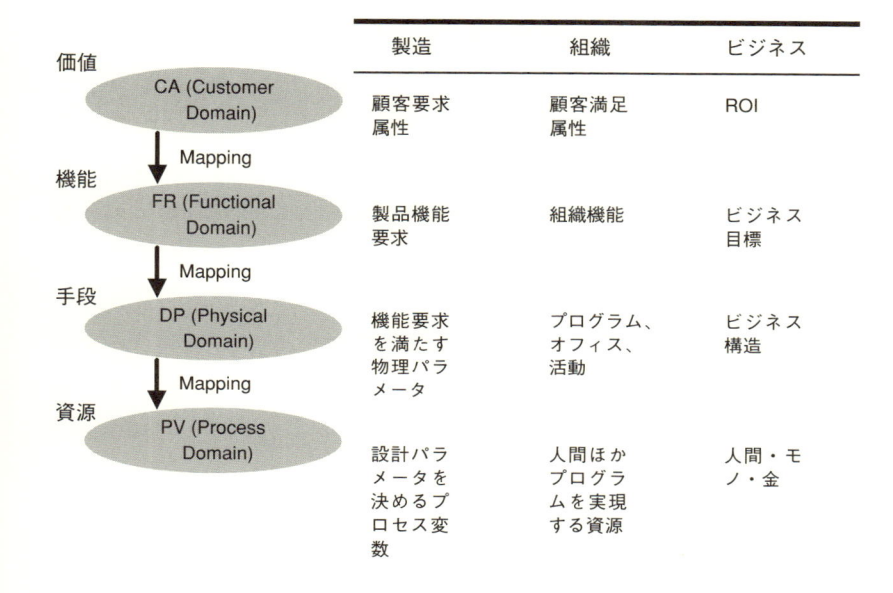

	製造	組織	ビジネス
価値 CA (Customer Domain)	顧客要求属性	顧客満足属性	ROI
機能 FR (Functional Domain)	製品機能要求	組織機能	ビジネス目標
手段 DP (Physical Domain)	機能要求を満たす物理パラメータ	プログラム、オフィス、活動	ビジネス構造
資源 PV (Process Domain)	設計パラメータを決めるプロセス変数	人間ほかプログラムを実現する資源	人間・モノ・金

（CA → FR → DP → PV は Mapping で連結）

図2.2　形式論的設計手法の枠組み

Social Domain
Individual Stakeholders
Teams
Organizations

Functional Domain
Objectives/Goals
Functions
Sub-Functions

Tasks
Sub-Processes
Processes
Process Domain

Technical Domain
Technical Components
Technical Subsystems
Technical Systems

Social/Political;
External Stakeholders
Competitors
Laws/Policies/Regulations

Environmental Domain

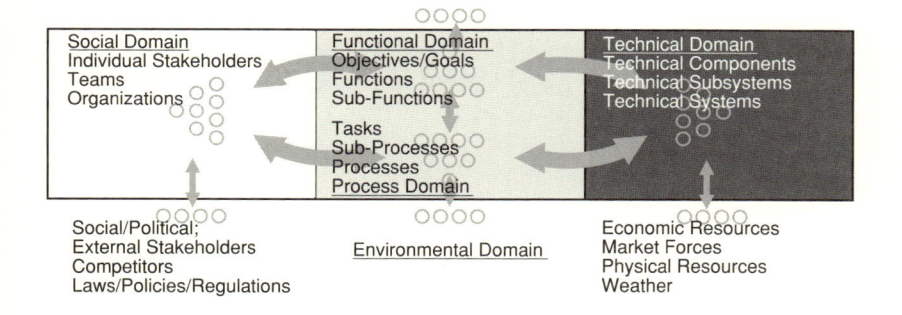

Economic Resources
Market Forces
Physical Resources
Weather

図2.3　形式論的手法の社会問題へのアプローチ例

3.2 ソフトシステムズ方法論（SSM）

　トップダウンのハードシステムズ・アプローチに対して、P. チェックランドは、SSMによって、問題自体が不明確な状況で、本質部分を掘り起こし、対応策を導く方法論の提供を意図している。SSMの全体手順を図2.4に示す。

　基本的な流れは、以下のとおりである。

① 問題状況に対する認識の表出化としてrich pictureと呼ぶ図を描く。特別な様式があるわけではないが、どのような関与者がおり、その間で利害がどのようになっているか、何を問題視するかを書き表す。

② 対象とするシステムの基本定義（root definition）を、後に述べるCATWOE（C: Customers, A: Actors, T: Transformation, W: Weltanshauung = World view, O: Owners, E: Environment）という枠組みから問題状況（rich picture）を検討することによって導く。

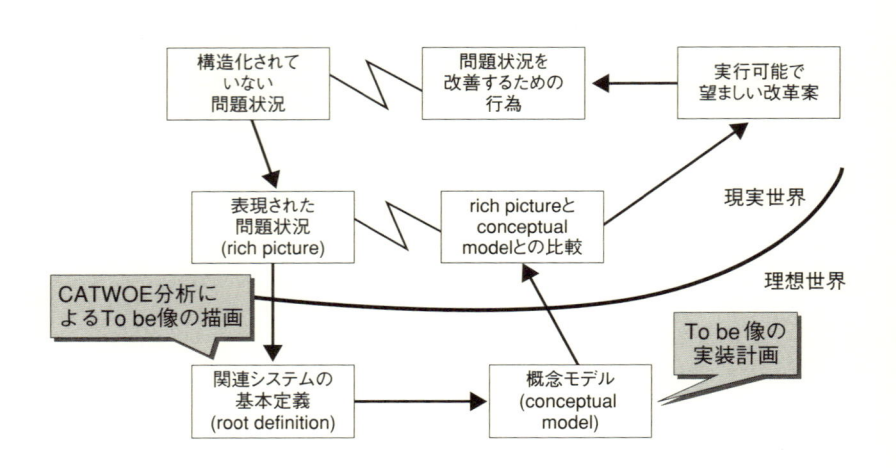

図2.4　ソフトシステムズ方法論の全ステップ

ここに、基本定義とはシステムの理想像（To be 像）である。
③ 基本定義（root definition）に基づいて、実装すべきシステムの姿（conceptual model）を描く。
④ システムの現状（rich picture）と実装すべきシステムの姿（conceptual model）とを比較する。
⑤ 現実に実行する改革案を定める。
⑥ 改革案を実行する。

　基本定義（root definition）を導くためのCATWOEとは、図2.5に示す枠組みを想定している。すなわち、対象とするシステムは、何らかの状態の変化をもたらす変換プロセス（T）であると捉え、これには実施する行動関与者（A）と受益関与者（C）が存在すると想定する。ま

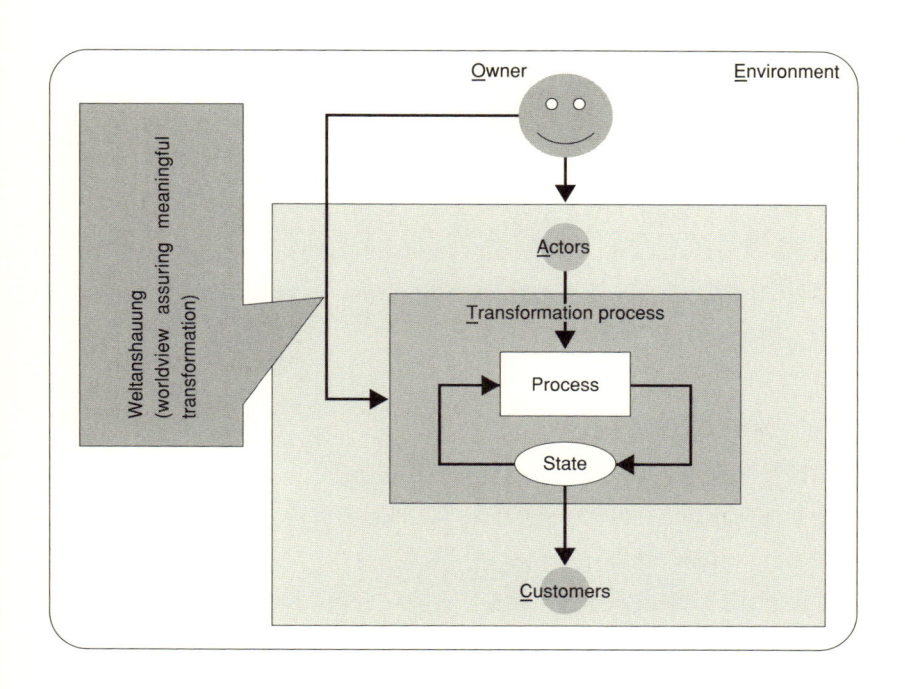

図2.5　システムの基本定義を導くための枠組みCATWOE

た、システムには所有者（O）が存在するが、この所有者には、システムの変換プロセスが自分にとって意義あるものと捉える視点（W）があることも想定する。さらに、所有者、関与者、システムに影響を及ぼす環境（E）が存在する。

　考え方として、SSMは、情報システムの設計枠組みを与えるEnterprise Architecture（EA）とも相性がよいことから、EAの実施においてSSMを参考にすることもしばしばある。問題解決の糸口をTransformation processの発見と捉えることにより、本質部分への着眼を促す優れた枠組みを提供しているといえる。しかし、今日、我々が直面している、技術面と社会面とが混在してハード、ソフトの両面をもつ問題に適用するには、あまりに自由度がありすぎて、この枠組みだけでは不十分といわざるを得ない。

3.3　横断型科学技術

　形式論的システム技法やSSMは、システム計画・設計における優れた方法論やツールであるが、これらは、サービス計画設計のための一部の機能に止まっており、今日、我々が直面する問題を解決するには、横断型科学技術の発展をまたなければならない。横断型科学技術の開発に取組んでいる日欧の動向を述べよう。

（a）横断型基幹科学技術[10]

　我国で横断型科学技術を推進する非営利団体として、横断型基幹科学技術研究団体連合（略称：横幹連合）が2003年に発足した。ここに結集したのは、計測・制御・デザイン・メカトロニクス、数理・情報・シミュレーション・統計、感性・生命・生物・人間、管理・経営・計画・社会など文理両面に広がった40学会である。この40学会が連合して、アカデミック・ロードマップを開発し、さらに、横幹連合としての科学技術定義が議論された。この結果、現状では、図2.6に示す定義が与えら

れている。

横断型基幹科学技術の定義

　横断型基幹科学技術とは、論理を規範原理とし、自然科学、人文・社会科学、工学などを横断的に統合することを通して異分野の融合を促し、それにより新しい社会的価値の創出をもたらす基盤学術体系である。

　[補足説明]たとえば、社会、人間、環境、生命、経営、組織マネジメントなどを扱うために生み出された、統計学、シミュレーション学、最適化手法、情報学、設計学などの学術体系である。

図2.6　横断型基幹科学技術の定義

　この定義は、目標を掲げているが、その内容詳細までは言及されていない。補足説明に例示があるが、これらがどのように現実の問題に役立ち、また、再生産してゆくかは明らかにされていない。目標を達成できるように、今後、その内容と体系化を進めてゆく段階といえる。
　はっきりしていることは、例示に見られるように、伝統的な物理学によらない抽象世界の知を横断型基幹科学技術としていることである。このような抽象世界に関する知だからこそ、物理学的な知やそれ自身の抽象知を統合する可能性を秘めているという信念に基づいて、体系化を企てようとしている。この狙いを木村[11]は図2.7のように示している。

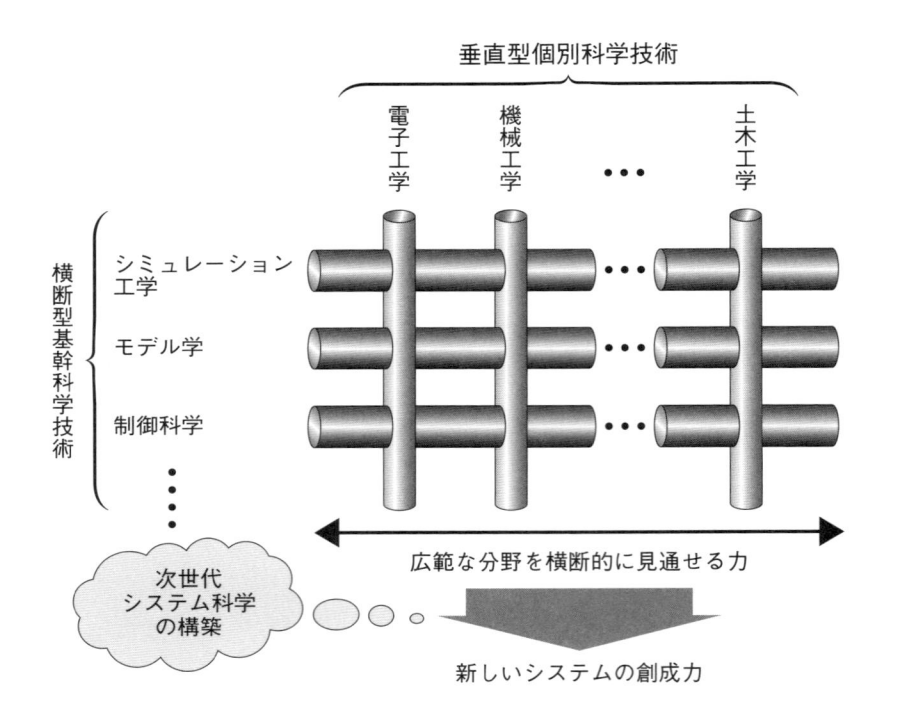

図2.7 横断型基幹科学技術の役割

(b) Transdisciplinarity（TD）研究

スイス芸術科学アカデミー（Swiss Academies of Arts and Sciences）は2000年頃から、横断型科学技術に関するネットワーク（network for transdisciplinary research: td-net）[12]を継続している。ここでは、研究や教育におけるTD志向とは、「学界が生産する知識と社会的な問題を解くための知識との間のミスマッチを解消する試みである」と定義しており、その内容詳細までは構造化されているわけではない。具体的な研究への関与者は図2.8のように示しており、基本的な枠組みは図2.7に示した横断型基幹科学技術の捉えと同様である。

2003年に、td-netの諮問委員会は、TD研究に関わる様々な体験を整

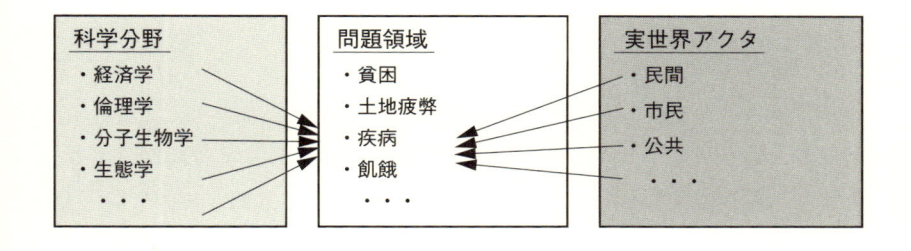

```
┌─────────────┐      ┌─────────────┐      ┌─────────────┐
│ 科学分野    │      │ 問題領域    │      │ 実世界アクタ│
│ ・経済学    │─→    │ ・貧困      │    ←─│ ・民間      │
│ ・倫理学    │─→    │ ・土地疲弊  │    ←─│ ・市民      │
│ ・分子生物学│─→    │ ・疾病      │    ←─│ ・公共      │
│ ・生態学    │─→    │ ・飢餓      │    ←─│  …         │
│   …        │      │   …        │      │             │
└─────────────┘      └─────────────┘      └─────────────┘
```

図2.8　TD研究が規定する関与者構造

理したハンドブックを作成することを決議し、欧州を中心に進められた19件のケーススタディの分析とこの共通課題についてまとめた図書[13]が2008年に発刊された。

ケーススタディは、地域開発、環境保護、地域医療、技術評価などである。これらの取組みのステップは、問題同定と構造化、問題分析、目標実現というシステム工学の基本を踏襲しているが、取組みにあたっての共通課題を次のようにまとめている。

・関与者の参画：関与者の関心を学界の言葉にどのように変換するか。
・価値・不確実性への対処：地球温暖化のように十分な知識が得られない状況で決定を下してゆかねばならない（このような考え方は、Post-Normal Science と呼ばれる）。
・ケーススタディからの学習：TDケーススタディから如何に科学的な知識の進歩に貢献するか。
・マネジメント：TD研究の推進マネジメントとして、相互学習のファシリテーション、共通目標の樹立をいかに行なうか。
・教育：TD研究者育成のためのカリキュラムの開発。
・統合：TD研究の中核であるが、まだ、コンセプトも方法もない段階である。協力の形と統合の方法を交絡させたところを検討す

ることで次の発展があるかもしれない。

この取組みで興味深いのは、TD研究を進めるには、図2.9に示すように、3つの知を同時に活用しなければならないとしている点である。制御論からこれらの知を位置づけると、目標知は目標とする性能であり、システム知は対象に関するダイナミクスであり、変革知は操作手段と対応付けることができる。

TD研究と横断型基幹科学技術は、目標とするところは同じであるが、横断型基幹科学技術がモデルを重視しているのに対してTD研究は概念レベルでの議論が進んでいる。いずれも、取組みが始まった段階であるが、相互に交流をすることは、今後の発展の発展に大いに資すると期待される。

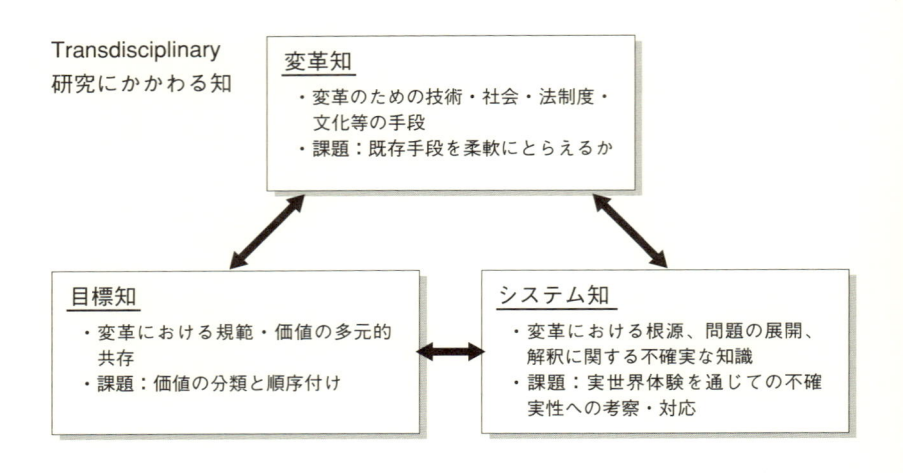

Transdisciplinary
研究にかかわる知

変革知
・変革のための技術・社会・法制度・文化等の手段
・課題：既存手段を柔軟にとらえるか

目標知
・変革における規範・価値の多元的共存
・課題：価値の分類と順序付け

システム知
・変革における根源、問題の展開、解釈に関する不確実な知識
・課題：実世界体験を通じての不確実性への考察・対応

図2.9　TD研究を進めるのに必要な3つの知

4. システム論から横断型科学技術にいたる俯瞰的系譜

システム工学の発展経緯と横断型科学技術の取組み状況について、特徴的な話題を中心に紹介してきたが、最後に、これらのまとめとして、1940年代から今日に至る時系列的な検討を加えておこう（図2.10）。

4.1 システム思考の発展

システム思考とは、対象を、その要素だけでは語りつくせないある意

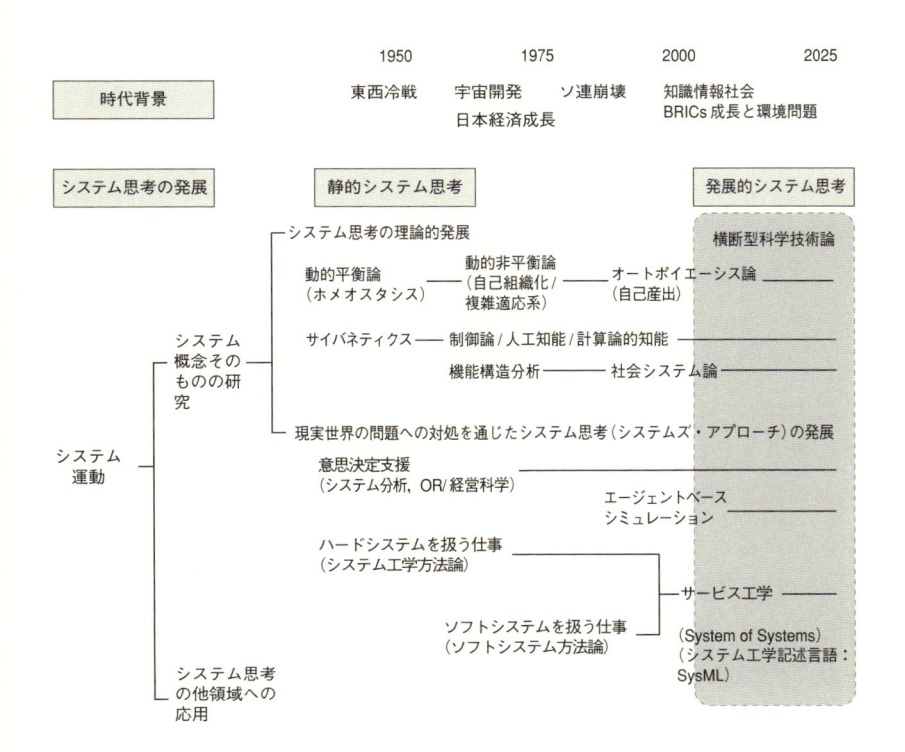

図2.10 システム思考の発展と横断型科学技術論

味をもった塊りと認識する態度といわれている。この思考の代表例が有機体論であり、その中心的な推進者であったL. V. ベルタランフィは「生命現象は、機械論的アプローチと対比されるものとしての有機体論（生体論）的アプローチによってとらえられる。物理化学レベルから細胞、生物個体、社会的レベルまで、すべてのレベルで生命現象を研究する必要がある。突然変異と選択という機会的なできごとによって生きものの秩序と編成を説明するのは限界があるように見える。生物体は、その成分や構成要素をたえず交換している「開放系」としてとらえられ、したがってまた、このようなシステム（系）をあつかえるように物理化学（反応速度論や熱力学）を拡張すべきである」と述べている[14]。彼は、1950年代に、一般システム論という形で、生命現象、社会現象のすべてを統一的に扱える体系の構築を目指した。この流れは、自己組織化の理論や自分自身を生成する機能を含んだオートポイエーシス論へと発展してきている。同じ頃、N. ウィーナーは、自然界の生物・有機体から機械に至るまでの様々な対象における共通的な原理として、通信と制御の概念が重要な意味を持っているととらえ、この概念をサイバネティクスと呼んだ。この概念は制御や人工知能などの構成的なシステム論の発端となった。一方、社会現象をシステム論の立場からとらえる社会システム論も提起されてきている。

　以上は、システム思考を理論的に発展させようという取組みであるが、この動きと並行して、現実の問題対処から生まれてきたシステム思考の発展がある。先に述べたハードシステムズ・アプローチはこの範疇であり、さらに、ソフトシステムズ・アプローチがこれに加わってきた。これらとは、やや独立して生まれてきたのが、第2次世界大戦の最中に、英国によって始められた作戦研究である。軍事設備のハードウェアを改良するのではなく、設備の運用を工夫することによって戦争を優位に進めようとするものである。今日、オペレーションズ・リサーチ（Operations Research: OR）とか経営科学と呼ばれ、これらを総称してシステム分析と呼ばれる分野である。ここでは、対象のモデルを構築し、

代替的な意思決定や制御を行なうことを基本的な概念としている。

　現実の問題対処を原点としていることから、これらの発展は時代背景と密接に関係している。東西冷戦の時代にあっては、核装備をどのように行い、また、配置するかが米ソの最大の課題であった。米国空軍の戦略研究のために1946年に作られたRAND研究所は、システム分析の拠点となって、対ソ戦略を皮切りに、ベトナム戦争からイラク侵攻に至る米国の軍事行動を理論的に先導した[15]。この中から、J. V. ノイマン、J. ナッシュ、J. ダンツィックといった著名な応用数学者や、P. サミュエルソン、K. アローをはじめとする多くのノーベル賞受賞者が生まれた。システム分析の手法は、公共政策の分野にも移転されて、RAND研究所やいくつかの公共政策大学院で実用に供された。

　さらに、東西冷戦が宇宙開発競走を引き起こし、この結果、システム工学が発展するとともにこれに大きく貢献することとなった。日本では、このシステム工学の発展を援用して、世界の工場として地位を確保した。そして、公共政策など社会問題にシステム分析やシステム工学を適用しようとしたときに、問題の性質が異なることが明らかとなって、ソフトシステムズ・アプローチが生まれたこと、さらに今日では、ハードシステムズ・アプローチとソフトシステムズ・アプローチの両面が必要となっていることは先に述べたとおりである。

4.2　最近のシステムを巡る動向と横断型科学技術への期待

　図2. 10には、最近のシステム思考におけるいくつかの話題を記している。複雑適応系や計算論的科学の具体化として、社会現象を新たにミクロにとらえなおそうとするエージェントベースのシミュレーション[16]、これまでに開発されてきたシステムを情報技術によって連携して新たな付加価値を提供しようとするSystem of Systems (SoS) 概念[17]、システム工学に関する国際的な協議会INCOSEとソフトウェアに関する標準化団体The Object Management Group (OMG) とが共同で

制定したシステム工学向け記述言語Systems Modeling Language (SysML)[18]などであるが、これらは、システム思考に関わる様々な技術の普及や情報通信技術の進展に伴って、システム思考の実践面を作り変えてゆこうとする一連の動きと考えることができよう。

社会動向から、昨今のシステム思考を巡る環境について考えてみよう。システム思考の実践の推進力となっていた東西対立が融けて、自由主義経済が世界を覆うようになった。目的志向のハードシステムズ・アプローチよりも、一層、ソフトシステムズ・アプローチが望まれるようになったが、一方において、情報技術はユビキタス化しており、組織・社会の制度設計においても、効果的に情報技術を活用することが必要なことは繰り返し述べているとおりである。

さらに、インターネットの発展・普及を背景に、人々の世界中への情報アクセス度合いは格段に向上しており、人々はそれぞれの立場での見識を持つ知識情報社会の到来を実感させる。かつての、ごく少数のエリートがシステムの計画を行なっていた時代とはまるで異なる状況に入り始めたといってよいであろう。共創、オープンイノベーションといった言葉に代表されるように、特定のグループ内に閉じてシステムを計画設計するのではなくて、グループの外からも知恵と知識を求めることが有効であり、これをどのように活用するかはよくよく考えなければならない。

社会経済的な面では、先進国はSoSという言葉に見られるように、何重にもなった既存のシステムを下敷きにしながらも、高齢化や地球温暖化などといった新しい環境条件に適合してゆかなければならない。もはや、一挙にシステムを作るのではなく、既存システムとの調整を学びながら、段階的にシステムを成長させてゆくことが必要となっている。

一方、中国、インドなどをはじめとする新興国は著しい経済成長を遂げている。BRICsだけで、現在の先進国G6（日本、米国、英国、ドイツ、フランス、イタリア）の人口である7億人をはるかに越える30億人近くの人々が経済的に浮上してくる。この結果、資源環境への影響は自明であ

り、今から、これに備えなければ大変なことになる。この対応は、新しいハードウェアの開発も必要であるが、これに先立つ技術開発の方向を見極める政策と国際的な制度作りが大変に重要であり、ハードシステムズ・アプローチとソフトシステムズ・アプローチの統合的な取組みが必要になってくると思われる。

　以上をまとめると、次世代のシステム思考が備えておくべきキーワードとしては、ハード・ソフト・ハイブリッドシステムズ・アプローチ、共創・オープンイノベーション、学習的成長システムなどが指摘されよう。横断型科学技術論は、システム思考の歴史の中で、今日的な要請に応えるものであり、これらのキーワードを念頭に開発されてゆくものと期待される。

5. サービスの基本モデルと産業での位置付け

　IBMが、社会科学に関心を持ってアルマデンにサービス科学研究グループを設置したとの報道[19]があったのは、2004年4月のことである。以来、産官学の多くの関心がサービスに寄せられている。しかし、サービスの重要性の指摘や、工学としての取組みは、東大の設計論に携わる人々によって先駆的に進められ、1997年には、サービス工学にむけての提案がなされている[20]。この研究グループは、サービスを、図2.11のように定義した[21]。この定義は、今日、広く受入れられている。ここでは、サービスに関わる関与者は、サービスの提供者と受容者である。提供者からのサービスによって受容者は状態変化を起こし、その満足度に応じた対価を払う。満足度に直結する要素をコンテンツと呼び、これを運搬する、強化するなどの支援的要素をチャネルと呼んでいる。

　一方、マーケティングの分野では、サービスと対比される財（モノ）との比較の上で、その特徴づけをする必要があるとの観点から、サービスはIHIP（Intangibility：無形性、Heterogeneity：非均質性・多様性・個別

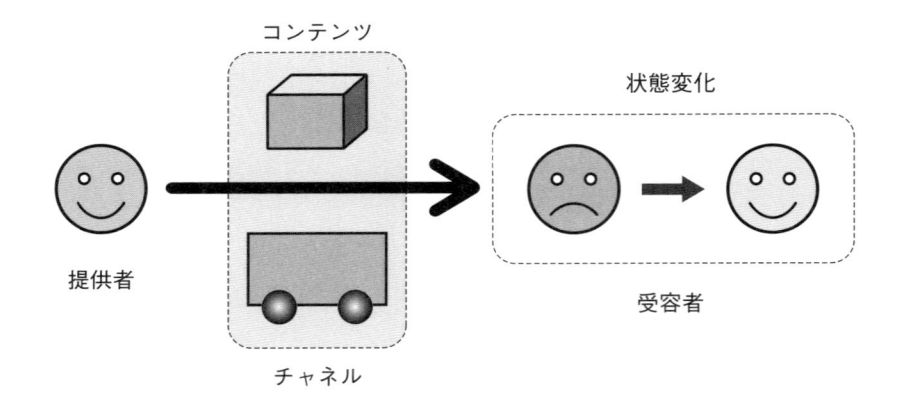

図2.11　サービスの基本モデル

性、Inseparability：生産消費の非分離性、Perishability：消滅性・蓄積不能性）という4つの特性があることを喚起してきている。

　IBMやその支持者たちは、産業分類において、先進国の第3次産業の生産高の比率は70％以上となっており、先進国においては、産業論的に第3次産業の生産性向上が大変に大切であること、にもかかわらず、第3次産業の生産性の向上にはこれまでほとんど投資がなされておらず、第3次産業である広義のサービス業を科学化、工学化しなければならないと主張している。

　日本の産業分類は、第1次産業は農業、林業、漁業、第2次産業は鉱業・採石業・砂利採取業、建設業、製造業であり、これら以外の産業が第3次産業として括られている。産業分類を規定する総務省統計局は、時代の進展とともにその内容区分の統合・新設を行なっており、最新の改定は2007年11月になされた。1950年に国連の提唱に対応して始まった統計局の産業分類であるが、2007年の改定は第12回にあたる。表2.2に現在の産業分類を示す。広義のサービス業とされる第3次産業には、実に多様な業種があることがわかる。

表2.2 総務省統計局による産業分類（アルファベットは大分類項目）

第1次産業：A－農業、林業、B－漁業
第2次産業：C－鉱業・採石業・砂利採取業、D－建設業、
　　　　　　E－製造業
第3次産業（広義サービス産業）：
F－電気・ガス・熱供給・水道業
G－情報通信業
　　中分類　通信、放送、情報サービス（管理部門・ソフトウェア業・情報処理・提供サービス業）、インターネット付随サービス業、映像・音声・文字情報制作業
H－運輸業、郵便業　　I－卸売業、小売業
J－金融業、保険業　　K－不動産業、物品賃貸業
L－学術研究、専門・技術サービス業
M－宿泊業、飲食サービス業
N－生活関連サービス業、娯楽業　　　O－教育、学習支援業
P－医療、福祉　　　Q－複合サービス事業：郵便局、協同組合
R－サービス業（他に分類されないもの）
　　中分類　廃棄物処理業、自動車整備業、機械等修理業、職業紹介・労働者派遣業、その他事業サービス－管理事務を行う本社等・速記ワープロ入力・建物サービス・警備・ほか、政治・経済・文化団体、宗教、その他、外国公務
S－公務
　　中分類　国、地方自治体（他に分類されるものを除く）
T－分類不能の産業

日本の産業政策として、2006年7月に財政・経済一体改革会議で決定された「経済成長戦略大綱」では、産業の生産性向上施策として、サービス産業生産性向上運動を展開すること、サービス6分野（健康・福祉、育児支援、観光・集客、コンテンツ、ビジネス支援、流通・物流）への政策重点化、サービス産業の統計データの収集などが提言された。これを受けて、2007年5月には、（財）社会経済生産性本部に「サービス産業生産性協議会」が設置され、サービスの科学化・工学化、ベストプラクティスの収集などが進められている。

このような政策を意味あるものにするには、サービス業の生産性を正確に測定することが必要である。（独）産業経済研究所が発表している労働生産性に関する米国との比較[22]に、生産額を重ねて表示すると図2.12となる。生産性の面では、金融保険業、運輸業、個人向けサービス業が米国とほぼ同等の値を示しているのに対して、通信業が著しく低

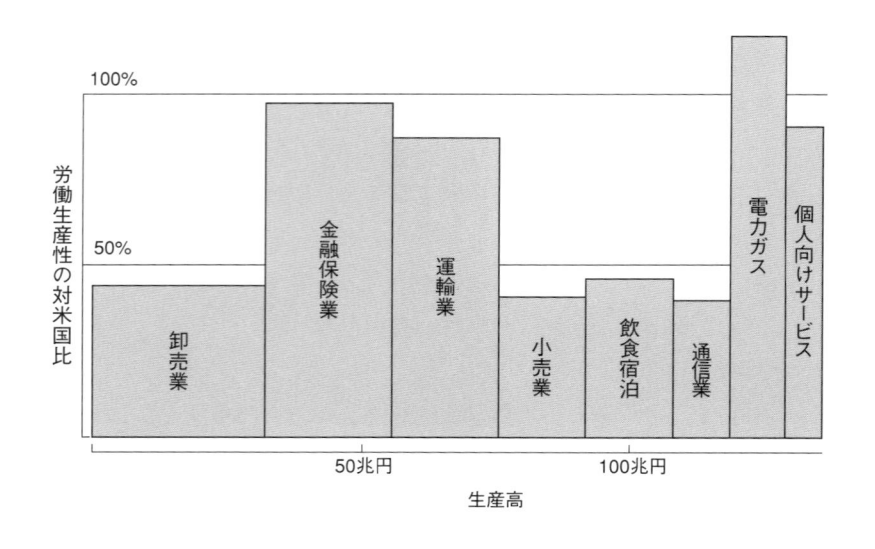

図2.12　サービス産業の労働生産性の日米比較（2005年）

い点に注目される。日本の国際競争力を高めるには、生産高の大きい卸売業の生産性向上を図ってゆくことが大切ということも読み取れる。

最近のサービスに関する主な取組み対象は、インターネットを含む物販業、携帯電話を利用した情報サービス業、健康・スポーツサービス業等との報告がある[23]。このような分野への取組みが大切なことは論を待たないが、これらの成果を踏まえつつ、行政、医療、教育、エネルギー、水等の社会サービスの高度化への展開をはかってゆくことが喫緊の課題となっている。周知のとおり、迫り来る人口構成の高齢化等の社会の基本的な構造変化や地球環境制約の逼迫を認識し、情報技術に代表される社会の基盤技術の進歩にふさわしい形で、社会サービスを少しでも早く再構成してゆかねばならないからである。

6. 横断型科学技術論による社会サービスの設計アプローチ

社会サービスの計画・設計において、横断型科学技術がどのような適用形態になるか検討してみよう。社会サービスをあらたに構築するには、文理の枠を超えた多くの学問分野にわたる知識を統合して、様々な制約を考慮しつつ、人々の欲求を充たすサービスを設計してゆかねばならず、横断型科学技術の適用がふさわしい対象といえる。この分野の特性として

・関与者の多様性（公共機関の存在、市民ニーズの多様性）
・多分野に跨る知識の活用の必要性

が指摘される。

このことを確認するために、具体的な事例として、図2.13に示す低炭素化への貢献が期待されている小口電力集約サービス（Aggregation service）事業を取上げてみよう。この事業は、従来の電力事業者と地域のエネルギー関与者との橋渡しをするものである。風力、太陽光などの再生可能エネルギー源から電力を取り出すことは、低炭素化に大変に有

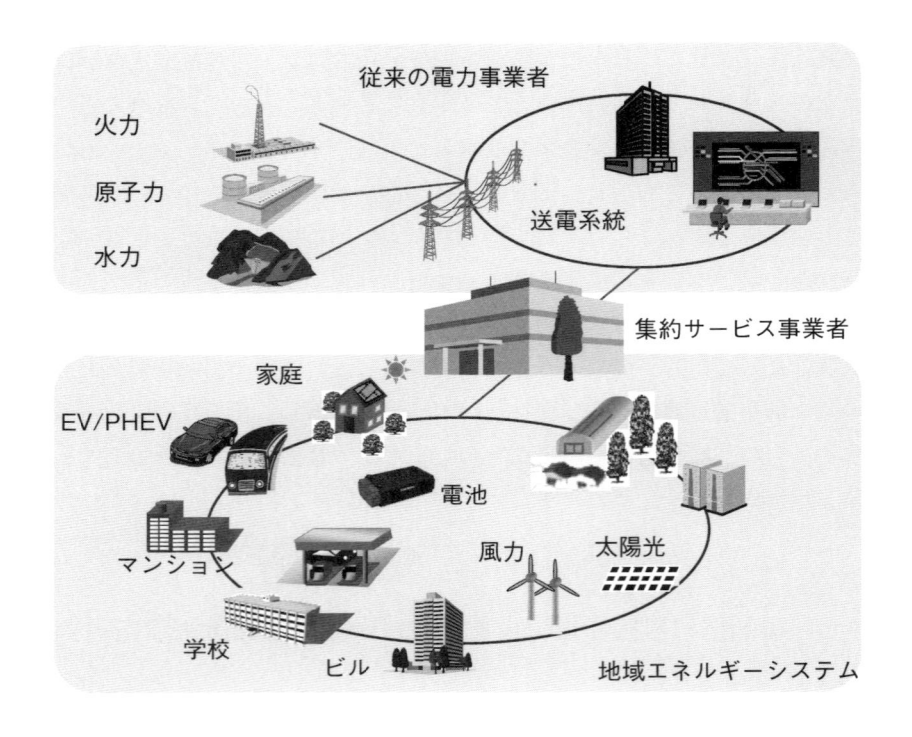

図2.13 小口電力集約サービス事業

効であるが、その規模が小さいために、電力事業者にとっては取扱が大変に煩雑な業務になってしまう。小口電力集約サービスは、地域のエネルギーの地産地消を促すようにきめ細かい需給バランスをとって、電力事業者の小口需要家との対応を軽減しようとするものである。この背景には、小口電力集約サービスは、地域に密着した存在であり、地域のエネルギー需要やエネルギー発生量をきめ細かく掌握することができるという想定がある。電力事業者とは大口需要家として契約することによって安価に電力を取得し、地域内の需要家に卸売りするというのが基本的な役割となる。

　ここにおいて関与者は、地域住民・事業者、電力事業者など多岐にわ

たること、さらに、検討すべき事項として、新しいエネルギーシステムに関する技術開発の見通し、低炭素社会にむけた政策動向といった様々な分野の知見をうまく統合することが不可欠である。また、システムは一挙に立ち上げることは難しく、地域の理解を得ながら段階的に拡大してゆくという時間軸上の計画も必須である。

このような問題に対して、横断型科学技術がどのようなアプローチを取りえるか考えてみよう。先に述べた横幹連合は、その活動のひとつとして、知の統合にいかに取組むか、その未来に向かってのステップを明らかにするという学会横断型のロードマップの開発[24, 25]を、2007年～2008年に、経済産業省の事業として推進した。図2.14は、2008年度のロードマップの開発で描かれた知の統合に関する枠組みを社会サービス

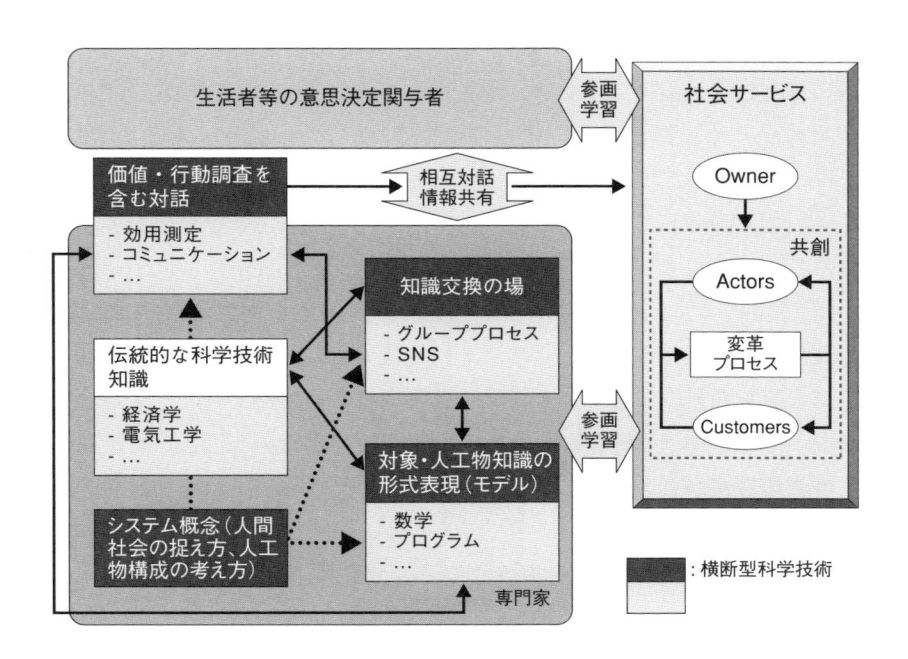

図2.14 横断型科学技術による社会インフラシステムの計画・設計の枠組み

の計画・設計用に書き改めたものである。

　ここでは、システム関与者として、生活者や事業者等の意思決定関与者と専門的知識を持つ人々の存在を想定している。さらに、専門家には、伝統的な科学技術者と横断型科学技術者の存在を想定している。横断型科学技術は3つの役割、すなわち、対象や新たに作り上げる人工物に関する知識の形式的な表現（モデル）の開発、伝統的な科学技術を含む多分野にわたる知識を交換して新しい知識を生出す場の提供、意思決定関与者と専門家との間の橋渡しをするための意思決定者関与者価値・行動測定、科学技術コミュニケーションの実施である。横断型科学技術がこのような役割を果たすことによって、科学技術的な知見を最大限に活用しつつ意思決定関与者が満足するシステムを作りあげることを意図している。

　サービスシステムの形は、SSMのモデルを参考にしている。ただし、サービスの提供者（Actors）は、顧客（Customers）に対して一方的にサービスを提供するのではなく、両者が共同してサービスの価値を生み出す共創をとくに指摘している点は、SSMからの相違点である。また、サービスは一挙に実現できるものではなく、実際のサービスの提供を通じて、学習が加わり段階的な拡張を想定すべきであることも重要視している。

　図2.14に示す3つの役割について、その具体的な内容例を述べよう。これらの基盤となる知識として、人間社会のあり方、人工物構成に関する基本的な考え方などシステム概念と呼ばれる部分があり、この概念に基づいて3つ役割を展開してシステムの計画・設計を行うことが大変に重要であるが、ここでは、これらのシステム概念についてまでは言及しない。古典的な参考文献としてはP. チェックランド[26]が有用である。また、出口、木嶋[27]はこの分野に関する最近の状況を述べている。

6.1 モデル論

　形式的な表現は一般にモデルと呼ぶが、モデルには、対象理解のためのものと、人工物の構成のためのものとがある。これらを演繹的に操作して、システム構成を最適化すること、さらには、実際の観測事象からモデルを再構成することもモデル論の範疇に含まれる。

　対象理解のためのモデルとして物理学的な事象はこれまでの伝統的な科学技術に委ねておけばよいが、人間や社会の振舞いについてははっきりとした方法がない。米国での調査によれば、社会科学分野の主要な研究論文誌での形式的なモデルの活用は全論文の8％程度で、方法論としては、マルチエージェントシミュレーション、システムダイナミクス、セラーオートマタのいずれかであったと報告されている[28]。

　一方、人工物の構成のためのモデルとしては、概念的な範囲での扱いになることが多いために、形式論的システム技法で述べたとおり、構造モデルと呼ばれる単純な行列表現モデルに準拠することが多い。構造モデルの要素定義を詳細化したUML（Unified Modeling Language）は、ソフトウェアシステムの開発において標準的なモデルとなっているが、適用範囲を広げて、一般的なシステム構築に利用しようという動きが先に述べたSysMLである。

　形式論的システム技法は、システムに対する要求から演繹的にシステムの形（一般に、アーキテクチャと呼ばれる）を導出することを狙いとしているが、いまのところ、これを期待することはほとんどできない。認識論的な立場に立つと、設計も論理的に行なうことを要求しがちであるが、設計は認識とは異なり、芸術的な性格をもっているという考えに従うのが現実的である。システムに関するアーキテクチャ・パターンが準備されることはいろいろな分野で見られるが、このことは、設計に関する性格を物語っていると理解されよう。

6.2　場論

　人々のもつ知識から、新たな有用な知識を生出す状況をどのようにすればよいかというのが、ここでの話題であり、グループプロセッシングと呼ばれることもある。ブレーンストーミング、ブレーンライティングは、この伝統的な方法である。また、KJ法も、伝統的な手法である。先に述べたSSMは、議論の中にCATOWEという着目点を持ち込んで、本質的に追及すべきTransformation（改革）の深堀を目指すものである。
　コンサルティング企業から生まれてきている会議のファシリテーション技法は、参加者のマネジメントに焦点をあてた方法論である。これらをSNSのような情報通信技術で具体化する試みもなされているが、いまだ、模索の段階といえよう。
　（独）科学技術振興機構研究開発戦略センターは、国として発展させるべき研究課題（戦略プログラム）を年間数件指定しているが、その一つとして「組織における知識創造支援に関する理論と技術の構築」を2009年2月に設置した。ここでは、SECIモデルに基づいた各段階での支援施策および全体支援施策が課題とされている。なお、時を同じくして、「サービスの効率化・高度化に向けた数理・情報科学に基づく技術基盤の構築」も戦略プログラムとしてスタートしており、ここでは実世界のモデリングの高度化を課題としている。

6.3　対話論

　意思決定者の価値観を測定する伝統的な方法は効用理論である。また、人々がどのような判断で選択をするかという選択理論も経済学での最近の成果とされている。計測技術の進歩を背景に、関心の度合いを脳から直接測定することも行なわれ始めている。
　一方、人々の選好の全貌を測定することは難しいとして、形式的なモデルに立脚して反復的に意思決定者の意見を聴取して、効用が最良とな

るようにシステムの設計パラメータを決定する多目的最適化手法が実用段階に入っている。たとえば、図2.14に示すようにシステム関与者を、意思決定関与者と専門家とに分けて、関与者の合意形成をはかることを目指した「多重リスクコミュニケータ」[29]と呼ぶ方法論およびツールが提案され、情報セキュリティ分野で実用が始まっている。

　最近、システム対象を理解するための方法として民俗誌学（エスノグラフィ）に関心が集まっているが、前述のKJ法は、チベット民族の調査方法から生まれたように、この分野は場論とも関係が深い。ファシリテーションも意思決定者と専門家との対話における重要な機能である。

参考文献

(1) P. Checkland（高原，中野監訳）：『新しいシステムアプローチ』，オーム社 (1985) P. Checkland: *Systems thinking, systems practice*, Wiley (1981)

(2) H. Chestnut（糸川監訳）：『システム工学の方法』，日本経営出版会 (1969) H. Chestnut: *Systems engineering methods*, Wiley (1967)

(3) P. Checkland and J. Scholes（妹尾監訳）：『ソフトシステムズ方法論』，有斐閣 (1994) P. Checkland and J. Scholes: *Soft systems methodology in action*, Wiley (1990)

(4) D. H. メドウズ（大来監訳）：『成長の限界──ローマ・クラブ人類の危機レポート』，ダイヤモンド社 (1972)，D. H. Meadows, et al.: *The Limits of Growth*, Universe Books (1972)

(5) E. Fontela and A. Gabus: Structural Analysis of the World Problematique (Methods), *DEMATEL Report Innovative Methods No. 2*, Battelle Geneva Research Center (1975)

(6) T. R. Browning: Applying the design structure matrix to system decomposition and integration problems: a review and new directions, *IEEE Trans. on Management*, 48, 3 (2001), 292-306

(7) J. D. Hills and J. N. Warfield: Unified Program Planning, *IEEE Trans. on SMC*, SMC-2, 5 (1972), 610-621

(8) N. P. Suh: *Axiomatic design*, Oxford University Press (2001)

(9) J. E. Bartolomei: Qualitative knowledge construction for engineering systems: extending the design structure matrix methodology in scope and

procedure, MIT Ph. D Thesis (2007)
(10) http://www.trafst.jp/
(11) 木村:「横断型科学技術の役割とその推進」, 文科省科学技術政策提言プログラム報告会 (2004)
(12) http://www.transdisciplinarity.ch/e/index.php
(13) G. H. Hadorn, et al.: *Handbook of transdisciplinary research*, Springer (2008)
(14) L. V. ベルタランフィ (長野訳):『人間とロボット』, みすず書房 (1971), L. V. Bertalanffy: *Robots, Men and Minds*, George Braziller (1967)
(15) A. アベラ (牧野訳):『ランド世界を支配した研究所』, 文芸春秋社 (2008), Alex Abella: *Solders of Reason, the RAND Corporation and the Rise of the American Empire*, Reed Elsevier, Inc. (2008)
(16) 出口, 木嶋 (編著):『エージェントベースの社会システム科学宣言』, 勁草書房 (2009)
(17) A. Gorod, et al.: System-of-Systems Engineering Management: A Review of Modern History and a Path Forward, *IEEE Systems Journal*, 2, 4 (2008), 484-499
(18) http://www.omgsysml.org
(19) M. Kanellos: *Perspectives IBM's service science*, News.com published April 29, 2004
(20) T. Tomiyama: A manufacturing paradigm toward the 21st century, *Computer Aided Engineering*, 4 (1997), 159-178
(21) 下村芳樹ほか:「サービス工学の提案 (第1報) サービス工学のためのサービスのモデル化法」, 日本機械学会論文集, C, 71 (702) (2005), 315-322
(22) 森川正之:「サービス産業の生産性を高めるにはどうすればよいか」, RIETI Discussion Paper Series 08-J-031 (2008)
(23) 竹中ほか:「サービス研究はどのように展開してきたか」, 内藤 (編), サービス工学入門, 東京大学出版会 (2009)
(24) 横断型基幹科学技術研究団体連合:『学会横断型アカデミック・ロードマップ報告書』, 経済産業省平成19年度技術戦略マップローリング委託事業, http://www.meti.go.jp/policy/economy/gijutsu_kakushin/ kenkyu_kai-hatu/index.html (2007)
(25) 横断型基幹科学技術研究団体連合:『分野横断型科学技術アカデミック・ロードマップ報告書』, 経済産業省平成20年度技術戦略マップローリング委託事業, http://www.meti.go.jp/policy/economy/gijutsu_kakushin/kenkyu_

kaihatu/index.html（2008）
(26) P. Checkland（高原，中野監訳）：『新しいシステムアプローチ』, オーム社（1985） P. Checkland: *Systems thinking, systems practice*, Wiley（1981）
(27) 出口, 木嶋（編著）：『エージェントベースの社会システム科学宣言』, 勁草書房（2009）
(28) J. R. Harrison, e al. : Simulation modeling in organizational and management research, *Academy of Management Review*, Vol. 32, No. 4（2007）, 1229-1245
(29) 佐々木, 矢島：「多重リスクコミュニケータの開発と今後の展開」, 情報処理学会研究報告, 2005（111）（2005）, 45-54

第2部　サービスシステムに対する顧客の要求分析技術

第2部では、サービスに対する顧客ニーズや顧客満足に関するシステム技術を取り上げる。サービスシステムにおける顧客要求分析に対しては、顧客を観察するエスノグラフィー、顧客の反応を計測する光トポグラフィーなどの脳計測技術、顧客のニーズを直接引き出すアンケートやインタビュー、など様々な技術が応用できる。これらを利用して、顧客がどういうサービスを期待しているのかを明らかにすることが顧客要求分析の目的である。このためには、分野横断的な技術であるKJ法や目的関連樹木法などのシステムズアプローチが有効である。ここでは、サービスシステムに対する顧客要求分析技術の例を取り上げ、以下の3つの章で構成する。

　第3章は、視覚化に基づくサービスの要求分析について、辻と三村が担当する。システム工学の多くの要求分析手法を活用して、サービスに対する要求分析を可視化し、関与者が見える形で議論することが有効である。具体的な応用事例として、家庭内サービスの要求分析とアウトソーシングサービスに対する要求分析を取り上げ、こうした考え方の有効性を示す。

　第4章は、ペルソナ概念を用いたサービス設計へのアプローチについて、小坂と長岡が担当する。ペルソナ技法は、サービスや製品への要求分析を、代表ユーザ像を想定することで、ユーザの視点で何が必要かを考える新しいマーケティング方法論である。サービスが顧客満足を目的とするとき、ペルソナ技法は従来のデータ中心のマーケティングに比べ、より顧客を意識したサービス指向のマーケティング方法論といえよう。ペルソナ像の構築において、ペルソナがどういうサービスや製品を望んでいるかを明らかにするプロセスは、様々なデータに基づいてブレーンストーミングを行い、KJ法などでデータを整理して合意形成を行うプロセスである。ペルソナ技法応用の具体例として、身近なコンビニに対するサービス向上への取り組みをとりあげ、こうした合意形成プロセスが重要であることを確認する。

　第5章は、西岡と山村が担当する。IT化サービスにおいて、顧客ニ

ーズの実現に対して目的価値という新たな視点を導入したサービス指向要求開発方法論—MUSEを取り上げる。ここでも、顧客のニーズ分析を、ブレーンストーミングやKJ法を用いたシステムズアプローチで実現している。大規模IT化サービス事例や中小規模IT化サービス事例の具体的な成功事例を用いて、目的価値の実現という視点で顧客満足を追求することの重要性を指摘する。

第3章 ● 視覚化に基づく
サービスの要求分析

辻　洋
（大阪府立大学）

三村英二
（関西電力）

1. はじめに

　経営工学が誕生した当初は、ヒト・モノ・カネを「組織のリソース」と称して、それらの効率的な管理手法を研究の主題としてきた。その後、研究対象は目に見える（Tangible）組織のリソースだけでなく、情報・知識・ブランド・リスク・セキュリティなど目に見えない（Intangible）リソースに広がった。インターネットの普及とともに事業形態が大きく変わり、目にみえないリソースとして「サービス」にも関心が高まっている[1,2]。

　天才、あるいは勘・センスに優れた人は、エンジニアであれば、方法論がなくてもシステムを設計したりサービスを設計したりできる。意思決定者であれば、単独で直感的な判断ができる。このような人の存在は限られているので、関連するビジネスを拡大するためには、彼らに近いことを凡人でもできるようにすることが求められる[3]。われわれのアプローチは、多くの人が暗黙にもっている考えを取り出し、そこに潜むサービスに対する要求を取り出す手順を開発することである。手順を踏み要求を目に見える形で形式化することにより、人と人の間の要求の違いを理解することが可能となり、アイデアを創出したり、リスクを見積もったり、チャンスを発見することができる。

本章では、まず、システム工学で行われてきた視覚化に関連する要求分析を振り返りながら、著者たちの主張を述べる。その後、著者らが行った事例を2件紹介する。これらは「サービス」を特に意識して進めたものではないし、新しい視覚化手法を開拓したものでもない。人の力と既存手法の力をあわせもって要求分析を行える例があると捉えていただくのがよいと思う。そのため、ここでいう「サービス」とは、幅広く形のない商品あるいは要求機能という漠然としたものとさせていただきたい。

2．要求分析における視覚化の事例

　ある目的があったとすると、それを実現するための手段が必要となる。この手段について、ひとりの個人が提示できる場合もあるが、そうでない場合が多い。そのため多くの人の知見を集めるブレーンストーミングがある。ブレーンストーミングでは、個人の考えを表出し、それを他人の考えと統合したり、違いを理解したりする。そしてお互いの考えが刺激となり、さらなる表出がなされたり、整理・統合が行われたりする。こうした時に、視覚化が有効であり、これまでに様々な方法論が利用されてきた。
　古くはKJ法[4]と呼ばれる発想法が有名であり、それをコンピュータで作業支援するシステムも提案されている[5]。また、経営という視点からアイデア出しのための軸を示す様々な提案が続けられている。
　専門家の勘を表出化して未来予測する視覚化手法としてデルファイ法[6]がある。これは、多数の人に同一内容のアンケートを数回くりかえし、意見を収斂させる方法である。たとえば、商品やサービスの普及する時期を予測してもらい、その回答を年代順に図3.1（ここでは2回繰り返している）に示すように下四分位数、中間値、上四分位数を視覚化する。そして、この視覚化により意見をまとめていくものである。本

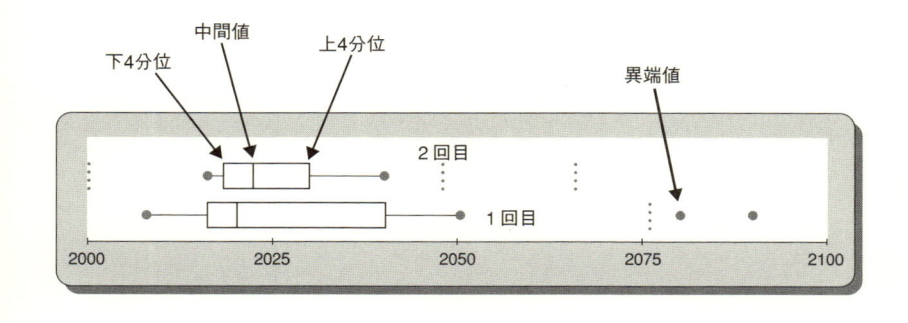

図3.1 デルファイ法によるあるサービス実現時期の予測可視化例

　手法の提案当時は時間がかかるとか手間がかかるという問題があったが、現状ではインターネット環境や図示化ツールによって短時間・安価かつ簡便に行えるようになっている。

　システム工学発祥時から多くの要求分析手法が提案されており[6]、これらをサービスに対する要求の視覚化に適用できないかを紐解くことは大切だと考える。品質要求の視覚化手法として品質機能展開QFD（Quality Function Deployment）[7]、ソフトウェアの要求仕様の視覚化手法としてUML（Unified Modeling Language）[8]なども、個人の知識を引き出しグループの合意とするため視覚化していると見なせる。これらの技術は、幅広くサービスの要求の視覚化にも適用できると期待でき、それらの良い実践例を共有することは重要であろう。

　個々人が暗黙的にもっている知識を形式的に引き出しながらそれらを結合しその結果をお互いに学習する、ということを繰り返しながら知識を創造していく方法論として、SECI（Socialization, Externalization, Combination and Internalization）モデル[9]が知られている。これに、従来のシステム工学的手法を取り入れ、インターネット環境で多くの要求を取り集め、データマイニングの技術[10]で視覚化していく[11]ことが可能になってきている。このようなシステム工学とナレッジマネジメン

トの融合は著者らが横幹連合で進めているプロジェクトの大きなテーマでもある[12]。以下では、個々人がもつ暗黙の知識をアンケートの形で表出化し、それらをまとめて視覚化することによりお互いの理解を共有するという考え方で著者らが行った事例を紹介する。

3. 家庭内サービスの要求分析

3.1 問題の記述

科学技術の進歩とともに生活の様態も変わる。電子機器の発展とともに家の設備も変わってくる[13、14]。ところが、誰もが同じサービスを要求するわけではない。ではどのようなサービスをどのような人が欲するのであろうか？ この問題に対して、19の生活行動（炊事、洗濯、休息など）と12の生活空間（防犯、空調、照明など）から新しいサービスのブレーンストーミングを行った。その結果、家庭内在庫管理サービス、メディアデータベース、電子栄養士による健康管理サービス、ホームセキュリティ、インテリジェント空調サービス、子育て・介護支援サービスの6分類54サービスの抽出を行った[15]。

3.2 アンケート設計

これら将来の家庭向けサービスを望むか否かに関する要求は、個々人の具体的な価値観の現れであると考える。そこで抽象的な価値観として、健康の維持・促進、家事（育児・介護を含む）の負担軽減、利便性の向上、安全・安心の確保、環境への配慮、住まいの快適性の向上の6つをあげた。それら価値観の「重視・軽視関係」を見ることが要求の強さを表わすのではないかと考えた。

6つの価値観をどう考えているかを表出するために、

(1) 価値観について一対比較でどちらを重視するか
(2) 抽象的な価値観の評価→具体的なサービスに対する要求の強さ→再度抽象的な価値観の再評価を求める
(3) 要求について、回答者本人の強さと世間一般がどう考えるか（選択肢例：「広く普及するし、自分も欲しい」、「欲しくないが割安なら普及」）
(4) 普及時期の予測（「実現しなくても良い」を含む）というような工夫を行った。

図3.2に、サービスに対する要求に関するアンケート項目例を示す。個々人が暗黙に持っている要求を取り出すにはアンケートが有効である。回答回収後、単純に頻度分析をするだけでなく、消費者の嗜好をデ

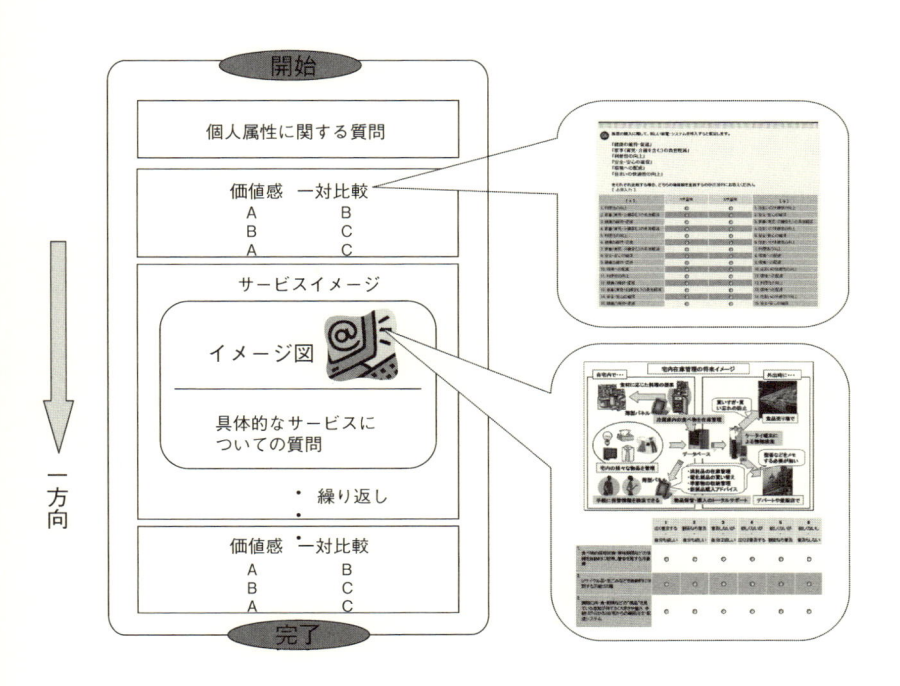

図3.2　サービスに対する要求に関するアンケート項目例

ータマイニング技法で発見・抽出することが期待される。この事例では、アンケートはインターネットで実施し、男女同数、年齢層5層で1,030件収集した。アンケート作成までに約1年を要したのに対して、回収およびその頻度集計はわずか3日であった。

3.3 視覚化の例

生活者の価値観の優先状況を視覚化するために、図3.3に示すマップを作成した。楕円の大きさはその価値観を最優先するサンプル数を表わし、矢印はどちらの価値観を優先するかの方向を示している。図では、「健康の維持・促進」と「安全・安心の確保」に矢印の向きが集中し、この2つの円が大きくなっていることから、この2つの価値観を重視することが多いことがわかる。この視覚化手法により、男女別、年齢層別などいろいろな属性で対比比較することができる。こうした年齢、性別、地域、職業などによる価値観の違いの発見がサービスの要求分析の一助

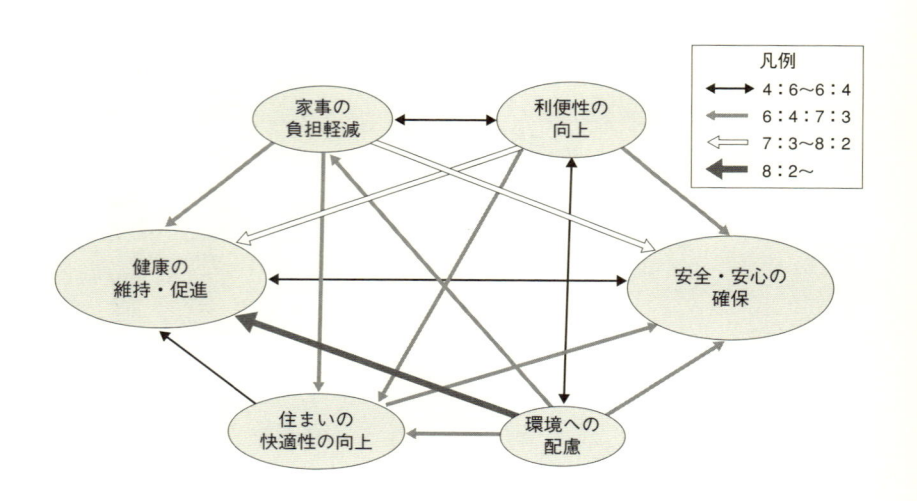

図3.3　価値観の視覚化例

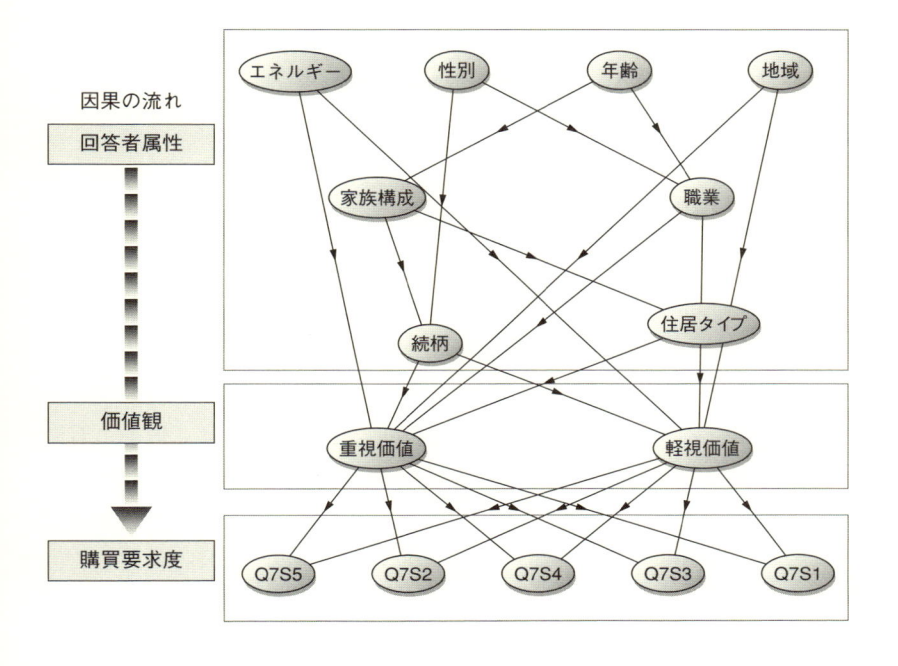

図3.4　ベイジアン・ネットによる視覚化例

となる。

　さらに回答者の属性が価値観に影響を与え、価値観の影響がサービスへの要求へ影響を与えると考え、ベイジアンネット[16]によるモデル化[17]を行った。ベイジアンネットとは、不確かな出来事の連鎖について、確率の相互作用を集計する手法である。消費者のサービス要求に関する嗜好構造をモデル化して、感度解析をする。提供するサービスがどのような人に期待されているかだけでなく、時代の変化によりサービスをどう変えていくかのヒントを見出すことも期待できる。図3.4は、回収サンプルから構造を自動決定して視覚化した例である。ネットワークのノードにエビデンスを与えることにより条件付確率の変化を見ることができる。たとえば、「環境への配慮を最重視する人はどのような属性をもち

どのようなサービスを望んでいるか？」という問合せには、「重視価値」というノードに「環境重視」の人が100％であるというエビデンスを与えることにより各サービスを求める確率を調べる。逆に、「あるサービスQ7S1とQ7S2の両方を望んでいる人はどのような人か？」という問合せには、これらのサービスのノードに「欲しい」人が100％であるというエビデンスを与えて、回答者属性の分布の変化を逆向きに調べることにより可能となる。また、図3.4の視覚化したネットワーク構造上で任意のノードに確率を恣意的に与えることにより、感度変化をみながら要求分析を行うことができる。

　図3.5は、別の視覚化手法[18]で出力例である。これは、個々の質問に対する回答の共起関係を視覚化している。質問をボックス、選択肢を、その中の丸と三角などで記述し、その大きさで回答サンプル数の多寡を

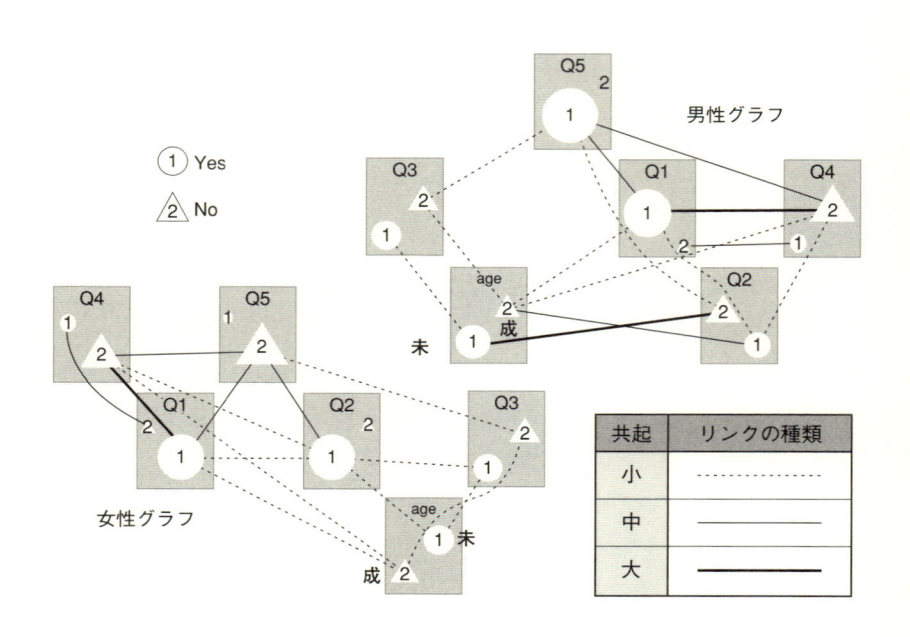

図3.5　回答の相互関係視覚化例

示している。選択肢の間のリンクは共起の度合いを表わしており、リンクがないことも重要な情報である。このグラフを回答者の属性ごと（図では男女別）に比較することで要求分析の支援となることが想像されよう。

4. アウトソーシングサービスに対する要求分析

4.1 問題の記述

自社内で開発したらよいのか、それとも外部にアウトソーシングをしたほうがいいのかは昨今よく問われる問題である。ここで紹介する例は、海外のIT企業に国内から開発委託するオフショアアウトソーシング[19]において、どのような場合に発注するのがよいかに関する要求分析である。この問題に対して、図3.6に示すようなブラックボックスモデルを考えた。開発プロジェクトの特徴が属性とその値で規定され、それがアウトソーシングの適否を決めるというものである。すると要求分析を視覚化する問題は、このボックスの構造を解明することになる。

図3.6 ブラックボックスによるサービスのモデル化

4.2 アンケート設計

システム工学における同定の問題の類推で考えると、図3.6の入出力サンプルを多数収集して因果関係モデルを構築すればよいことがわかる。そのためには、対象となる開発プロジェクトの属性とその値域を定義しなければならない。この定義のために、内外のプロジェクトマネージャに対するインタビューを行い、属性が、ソフトウェア特性（4属性）、ベンダ特性（5属性）、プロジェクト特性（5属性）に整理できることを見出した[20, 21]。個々のプロジェクトマネージャは数件のアウトソーシングしか経験がないのが一般的なので、つぎの2つのサンプルを収集した。

(1) さまざまな属性を人工的に与えた複数の仮想的なプロジェクトに対して適否を評価してもらう。具体的には、図3.7に示すオフショアアウトソーシングサービスの適否調査票を用いて情報を収集する。

(2) 実際に体験した1つのプロジェクトの属性値とその結果を思い出してもらい、評価してもらう。

前者は個々人がどの属性が適否に影響を与えているかを見ることができ（コンジョイント分析を利用[20]）、後者は属性ごとの相互依存関係が見ることができる（構造方程式モデリングを利用[21]）と考えた。

4.3 視覚化の例

コンジョイント分析は、回帰分析を基にする手法であり、各属性に対する重みをあらわす効用値の大小と定数項を比較する[20]。この研究では173人のプロジェクトマネージャからアンケートに対する回答を得て分析を行った[22]。図3.8はソフトウェア特性（4属性）に対する効用値を示したものである。図における各棒は1人のプロジェクトマネージャの部分効用値を現す。正の値をとればアウトソーシングに向いており、

質問文：次の特性をもつプロジェクトをイメージし、あなたが責任者だとして、自身の経験と知識で評価し、番号に一つ○を付けて下さい。

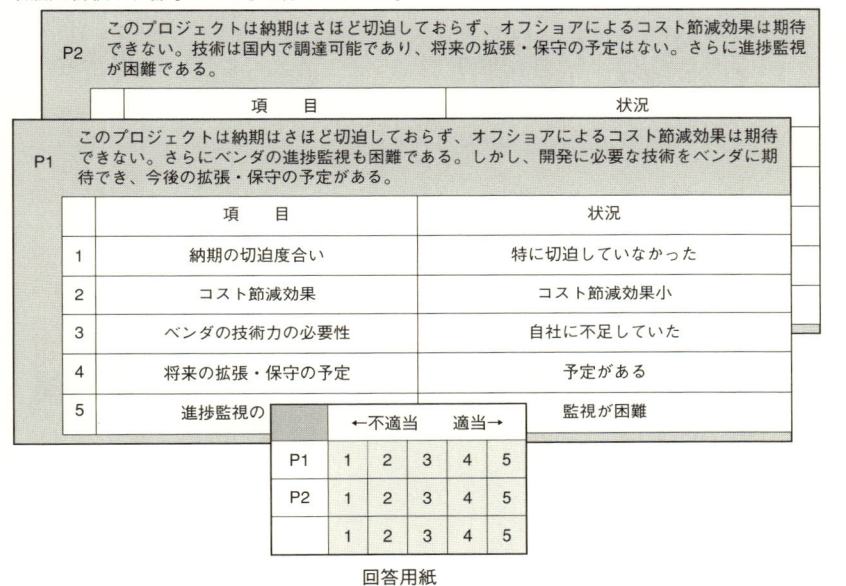

P2 このプロジェクトは納期はさほど切迫しておらず、オフショアによるコスト節減効果は期待できない。技術は国内で調達可能であり、将来の拡張・保守の予定はない。さらに進捗監視が困難である。

項　目	状況

P1 このプロジェクトは納期はさほど切迫しておらず、オフショアによるコスト節減効果は期待できない。さらにベンダの進捗監視も困難である。しかし、開発に必要な技術をベンダに期待でき、今後の拡張・保守の予定がある。

	項　目	状況
1	納期の切迫度合い	特に切迫していなかった
2	コスト節減効果	コスト節減効果小
3	ベンダの技術力の必要性	自社に不足していた
4	将来の拡張・保守の予定	予定がある
5	進捗監視の	監視が困難

	←不適当		適当→		
P1	1	2	3	4	5
P2	1	2	3	4	5
	1	2	3	4	5

回答用紙

図3.7　オフショアアウトソーシングサービスの適否調査票

負の値をとればその逆である。この図からは、品質評価、要求定義のしやすさ、要求定義の変更の有無、という属性については、一部の例外があるものの大半の意見が一致していることがわかる。逆に複雑性・規模については意見が大きく分かれていることがわかる。その理由を調べたところ、アウトソーシングに経験が浅いところは小規模・単純なプロジェクトが向いていると考え、成功体験をもつところは大規模・複雑なものが向いていると考えていることがわかった。

個人個人の部分効用値や定数を集計すると、ある集団のものになる。すると個人の効用値が他人とどのように違うかを視覚化することも可能である。こうして、集団の意見を参考にして個人の要求を収束すること

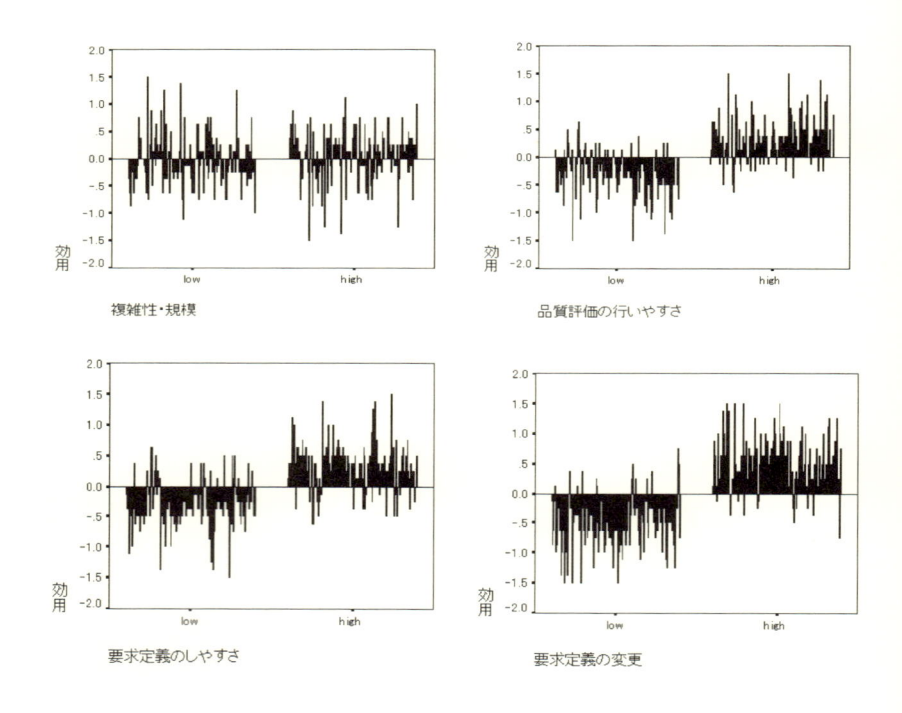

図3.8　個人別部分効用値の視覚化例

も可視化の有効な活用手段である。

　また、構造方程式モデリングでは観測された変数（アンケートで回答される項目で、四角で表記）だけでなく、潜在的な変数（楕円で表記）を組み合わせてデータの適合性を向上させることができる。ここでは、変数間の相互依存度を数値として表現する。図3.9に構造方程式モデリングによる視覚化の例[23]を示す。この図は、オフショア向きであるかどうか（変数 Result）はベンダに関する潜在変数と戦略に関する潜在変数の影響を大きく受け、なかでもV2（プロジェクト管理能力）という変数に関連することを示している。

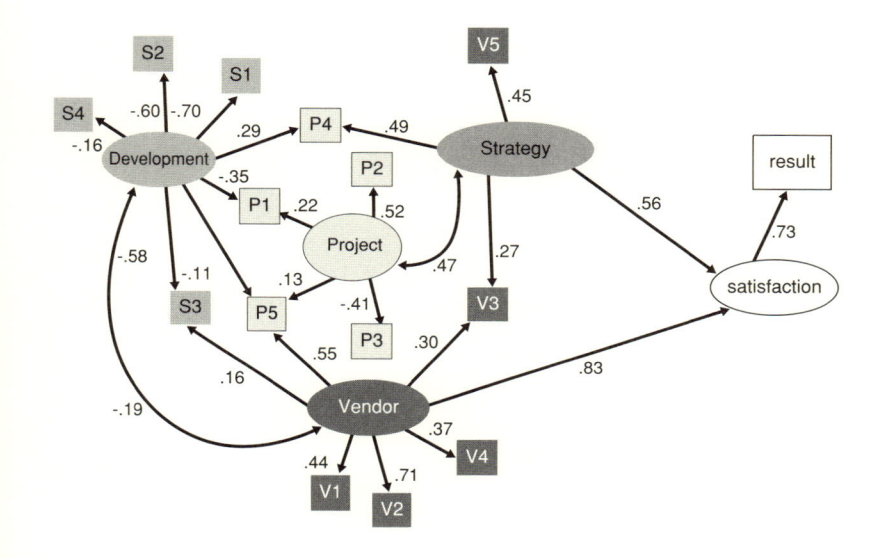

図3.9 構造方程式モデリングによる視覚化例

5. おわりに

　サービスの要求分析を一部の才能ある人だけに任さないためには、手順が明確になった手法が必要である。これらの手法は必ずしもサービスを強く意識したものである必要はない。手法の使い方を工夫すれば、既存のシステム工学手法であってもいろいろなアイデアを創出したり、リスクを見積もったり、チャンスを発見することができる。

　このことを主張するために著者らが最近行った事例を示した。人間の暗黙の知識を引き出すということからナレッジマネジメントとシステム工学の融合が必要であろう。中でも、視覚化というのは大切なキーワードだと思う。要求分析の手順について数多くの知見を共有することがサービス事業の発展に寄与すると考えている。

(本章は計測自動制御学会の許諾を得て、同学会誌『計測と制御』Vol.48, No.5 より転載、加筆したものである。)

参考文献
(1) 水田秀行(編):「小特集サービス・サイエンスの出現」, 情報処理, Vol.47, No.5 (2006)
(2) 池田俊明:『デジタルサービス革命』, 日刊工業社 (1998)
(3) H. Tsuji, M. Terada and Y. Mori: "e-Transformation:Building e-Service Systems", The 6th World Multiconference on Systemics, Cybernetics and Informatics, pp.163-167 (2002)
(4) 川喜多二郎:『発想法』, 中公新書 (1967)
(5) 春名公一, 中尾和夫, 薦田憲久, 梶博行:「目的樹木作成技法 PPDS-の開発」, 計測と制御, Vol.22, No.2, pp.185-200 (1983)
(6) 三浦武雄, 浜岡尊:『現代システム工学概論』, オーム社 (1977)
(7) 赤尾洋二:『品質展開入門』, 日科技連 (1990)
(8) I. Nonaka and H. Takeuchi: *The Knowledge-Creating Company: How Japanese Companies Create the Dynamics of Innovation*, Oxford Univ. Pr. (1995)
(9) H. Gomaa: *Designing Concurrent, Distributed, and Realtime Applications with UML*, AddisonWesley (2000)
(10) P. Adriaans and D. Zantinge: *Data Mining*, Addison-Wesley (1996)
(11) 吉川大弘:「多次元データの可視化技術」, システム/制御/情報, Vol.52, No.7, pp.232-238 (2008)
(12) 辻洋(編):「システム工学とナレッジマネジメントの融合特集号」, システム/制御/情報, Vol.52, No.6 (2008)
(13) R.L. Smith: Smart House: *The Coming Revolution in Housing*: Go Courseware (1987)
(14) 上田博唯:「ゆかりプロジェクト――メディア技術で優しく見守る家の実現に向けて」, 映像情報メディア学会メディア工学シンポジウム, pp.21-27 (2005)
(15) H. Tsuji, et al.:"Preference Mining on Future Home Energy Consumption", *IEEE International Conference on Systems, Man & Cybernetics* (IEEE/SMC2008), pp.3697-3701 (2008)
(16) 繁桝算男, ほか:『ベイジアン・ネットワーク概説』, 培風館 (2006)
(17) A. Takahashi, et al.: "Bayesian Network for Future Home Energy

Consumption", *in Lecture Notes on Artificial Intelligence*(LNAI 5243: Ed. by A.Dengel et al.(Eds.)), Springer-Verlag Berlin Heidelberg, pp.372-379 (2008)

(18) 佐野麻里絵, 林義浩, 佐賀亮介, 盛忠起, 辻洋:「選択肢型アンケートの回答相互関係可視化の検討」, 第34回情報システム研究会, IS-08-24(2008)

(19) 辻洋, 守安隆, 盛忠起:「オフショア・ソフトウェア開発の進化と技術者の経験知」, 情報処理, Vol.49, No.5, 551/557(2008)

(20) 木下栄蔵, ほか:『AHPとコンジョイント分析』, 現代数学社(2004)

(21) 豊田秀樹:『共分散構造分析 [入門編]』, 朝倉書店(2004)

(22) 辻洋, 櫻井彰人, 吉田健一, A. Tiwana, A. Bush:「コンジョイント分析によるオフショア・ソフトウェア開発のリスク要因」, 情報処理学会論文誌, Vol.48, No.2, pp.823-831(2007)

(23) 和田佳久, 辻洋:「オフショア・ソフトウェア開発委託の構造方程式モデリングによる成否要因分析」, 電気学会C部門論文誌, Vol.128, No.4, pp.540-545(2008)

第4章 ● ペルソナ概念を用いた サービス設計へのアプローチ

小坂満隆
(北陸先端科学技術大学院大学)
長岡晴子
(日立製作所システム開発研究所)

1. はじめに

　サービスを議論する場合の起点は顧客である。そして、サービス価値は、顧客とサービス提供者との共同作業によって作られる。サービス業においても、製造業においても、「すぐれた製品やサービスを提供して、顧客に満足してもらい、それによって対価をいただく」ことが、サービス指向の基本的な考え方である。それでは、どうすれば、顧客満足を達成できるのか？　このためには、顧客がどういう特性を持っていて、何を望んでいるかを明らかにして、顧客が満足するようなサービスや製品の提供を行う必要がある。これに対して、ペルソナ概念に基づくサービス設計の考え方が有効である。

　従来、顧客ニーズの把握は、製品やサービスに関するアンケートやインタビュー、製品やサービスの売れ行きなど、データを利用した方法が多く用いられてきた。これに対しては、DBマーケティング、マスマーケティング、セグメント・マーケティングなど様々な手法がある。これらは、製品やサービスを提供する側の視点でデータを分析するマーケティングであり、特定の製品やサービスを想定して、それがどのような顧客層に受け入れられるかを分析する。そして、顧客の属性データの内容により、顧客群をセグメント化し、ターゲットとするセグメントのニー

ズを分析して、サービスや製品のコンセプトを定めている。

　一方、サービスという視点に立てば、顧客の視点からのマーケティングアプローチが重要である。この考え方に合致しているのがペルソナである。近年、ペルソナを使ったサービス設計やマーケティングは、顧客指向を必要とする分野で注目を集めてきた。たとえば、サービス工学の中にペルソナ概念を用いてサービスシナリオを考えるアプローチ[1]、ホームネットワークのサービス開発への応用[2]など多くの研究事例が報告されている。また、『ペルソナ戦略』[3]は、ペルソナ構築技法の教科書的な内容を記述するとともにいくつかのペルソナ応用事例を紹介している。

　本章では、ペルソナによるサービス設計の概要と応用について述べ、ペルソナ概念に基づくサービス設計のアプローチの有効性を示す。ここで、強調しておきたいのが、グループワークによりKJ法などを使ってペルソナ像を作り上げるプロセスの重要性である。関与者が、ペルソナ像を議論することにより、ペルソナがどういう特性を持ち、どういうサービスを要求しているのかに関する合意形成を行う点がポイントである。

2. サービス設計におけるペルソナの活用と効果

　まず、ペルソナとは何かを紹介しよう。『ペルソナ戦略』[3]では、「ペルソナは、架空のターゲットユーザを具体的にしかも詳細にわたって描写したものである。」「ペルソナは、ユーザの特徴を表すイメージであり、記憶に残りやすく、しかもすぐに使え、設計／開発のターゲットとして役に立つものだ。」とペルソナを定義している。A. Cooperによって導入されたペルソナとは、仮想的なユーザとして、個人としての人物像を仮想的に作り上げる。そして、ペルソナは、名前、性別、職業等の統計データのほか、性格・ライフスタイル等の心理的データを持つ、いわば

実在の人物のようにして構成する。サービス設計において、ペルソナを登場人物とするシナリオを作ることで、理想的なインタラクションやサービスシステムの振る舞いを明確化して、そこからサービスの要件を定義する。

このようなペルソナを用いたサービス設計の効用として

- 顧客像の価値観やライフスタイルまで具象化して1人の人物像を描くことで、複数のサービス企画・実行者が携わっても、想定する顧客像がぶれない。
- 人の価値観は変わりにくい。従来は、属性から想定したニーズに基づいてサービス設計を行っていたのに対し、ペルソナを利用すると、一個人の価値観を基本にすることで、真に求められるサービスや製品機能を特定しやすい。

があげられる。

ペルソナの応用に関しては、すでに多くの活用事例が報告されている。具体的には、ホームネットワークへの応用[2]、大和ハウス工業の実例[3]、日立アプライアンスの実例[3] などが報告されている。また、銀行のCS（Customer Satisfaction）向上を目的にして、銀行顧客をペルソナとして特定し、それぞれのペルソナのニーズに合ったサービスに改善する、などサービス業への適用も考えられている。製造業、サービス業に共通して顧客指向アプローチが強く求められるようになってきたが、こうした動きに対して、ペルソナは有効なツールとして注目を集めている。

3. ペルソナ構築技法

3.1　ペルソナライフサイクル[3]

それでは、ペルソナはどのように構築してどのように活用するのであろうか？　『ペルソナ戦略』[3] に従えば、ペルソナのライフサイクルは、

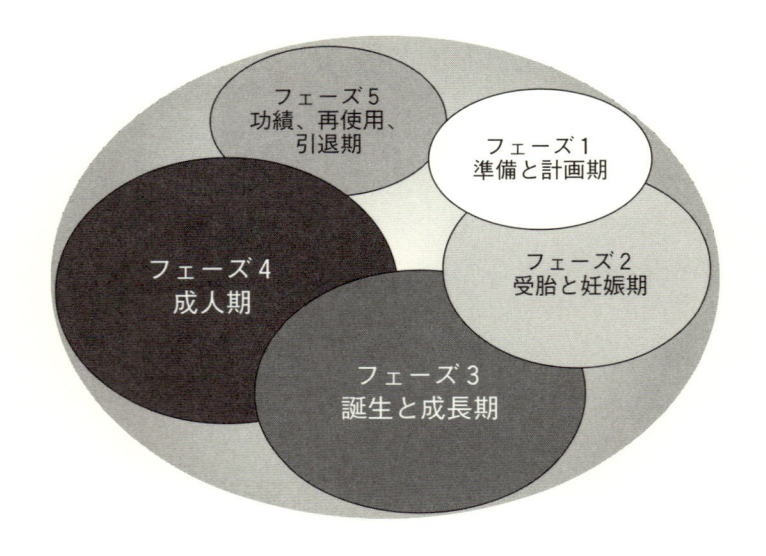

図4.1　ペルソナ構築プロセス
（Pruitt, Adlin[3], P.13, 図0.1を引用）

人のライフサイクルのアナロジーとして、図4.1に示すように5つのフェーズで構成される。そして、各フェーズの内容を要約すると、ペルソナ構築手順は、以下のように記述できる。

【フェーズ1】　準備と計画

ペルソナ開発に先立つ、調査と分析のフェーズである。ここでの成果は、プロジェクトの立ち上げとアクションプランの作成である。具体的な実施項目は、以下の通りである。

① コアチームの立ち上げ：チームメンバとして、顧客を理解し顧客の代弁者になる、新しいペルソナ手法を試したいという意欲が旺盛である、といった人物を選ぶ。

② 社内調査や組織調査：社内の顧客指向の考え方を調べ、各種の調査を行い、ペルソナによって何が可能になるかを明らかにする。

③ アクションプランの作成：プロジェクトの範囲とペルソナコアチームのゴール、コミュニケーション戦略、マイルストーンと成果物を決める。

④ データ収集：プロジェクト推進に必要なデータを収集する。

【フェーズ2】　受胎と妊娠

膨大なデータソースから情報を抽出し、ペルソナ作成のための方法論を策定する。ここでの成果物は、データ分析結果、優先順位をつけたペルソナスケルトン、ペルソナ基本文書である。このフェーズが、どういうペルソナを作るかを決めるので、ペルソナに基づくサービス設計では非常に重要なフェーズである。以下、詳細に説明する。

フェーズ2は、受胎期と妊娠期の2つに分けられ、次のようなステップを踏む。

受胎期：
　　ステップ1：ユーザのカテゴリーを話し合う
　　ステップ2：ペルソナ構築のために収集したデータを処理する
　　ステップ3：ペルソナの特性を示すスケルトンを検証し、作成する
妊娠期：
　　ステップ4：スケルトンを評価し、優先順位をつける
　　ステップ5：スケルトンを想定するペルソナに展開して、ペルソナ像を策定する
　　ステップ6：作成したペルソナ像の正当性を確認する

受胎期では、収集したデータ、アイデアをグループ化し、KJ法、目的関連樹木、因子分析、クラスタ分析などを使いながら、利用者のカテゴリー分類、ターゲットユーザのカテゴリー分類、商品の分類などを行い、ペルソナを何体作るのか、どのペルソナが主で、どのペルソナが副か？　を決める。そして、ペルソナにどういう特性を与えるかを示すスケルトンを決める。

妊娠期では、ペルソナの特徴を特定する。具体的に、サービスや製品をどれくらい利用するのかを示す使用頻度、ペルソナがどの程度の人を

代表しているかを示すマーケットサイズ、ペルソナがどのくらいの購買力を持っているか、どのペルソナが戦略的に重要なユーザであるか、などからペルソナの優先順位づけを行う。そして、ペルソナの基本文書作成を行う。基本文書には、

 ① 識別情報の詳細：名前、年齢、性別、キャッチフレーズ、写真など
 ② 役割と仕事：役割、通常の活動、大事な活動、苦手分野、製品・サービスとの関係
 ③ ゴール：短期的なゴール、長期的なゴール、やる気、製品・サービスへの希望など
 ④ セグメント：マーケットサイズと影響、収入と購買力、地域、教育レベルなど
 ⑤ 得意とする技術分野、知識レベル：コンピュータ、インターネットなど
 ⑥ 状況と環境：ある１日の説明、典型的なスタイル、仕事、家庭、娯楽など
 ⑦ 心理学的、個人的な詳細：個性、価値観、不満、おそれなど

を記述する。

【フェーズ3】　誕生と成長

フェーズ2で作成したペルソナ像に人格を持たせ、世に送り出すフェーズである。コミュニケーションプランや広報ツールがアウトプットである。ペルソナは、使われて初めて意味を持つので、そのための広報活動がこのフェーズである。ここでは、

 ステップ１：コミュニケーション戦略と積極的な啓蒙活動
 ステップ２：いかにしてペルソナを使うかのペルソナ利用法の説明
 ステップ３：成長期には、ペルソナの詳しい情報、使用方法、メリットを説明する。ペルソナを使って、製品、サービスを検討する人を支援する

を行う。

【フェーズ4】　成人

ペルソナを使用するフェーズであり、ペルソナ基本文書に示されたペルソナの特性を使って、販売戦略をサポートする。具体的には、サービス・製品設計の中にペルソナを参加させる。企画：ペルソナの要求、優先順づけ、設計：シナリオをベースとしたデザイン、事前評価：ペルソナによるテスト、サービス・製品リリースにおいて、ペルソナが語るサービスシナリオ作成とその効果、ペルソナによるデザインレビュー、採用基準プロフィールの作成などを行う。

【フェーズ5】　功績、再使用、引退

ペルソナは、本当に役立ったか、投資対効果が計画に対してどうであったか？　顧客満足の測定、製品・サービス設計プロセスの改善、顧客指向の改善、などを評価し、再使用、引退の検討を行う。このフェーズのアウトプットは、経費、ペルソナの評価、今後の計画書などのドキュメントである。

3.2　ペルソナを活用したサービス改善とサービス設計

以上が基本的なペルソナ構築と活用の手順である。図4.2に従来のサービス設計／改善の流れとペルソナの考え方を利用したサービス設計／改善の流れの違いを示す。この図から分かるように、従来は、提供者側の「提供したい価値」を実現するためにサービス設計を行っているが、ペルソナの考え方を導入した場合には、サービスの受け手から見た価値の実現をあらゆるシーンで検証することになる。このように、設計者側がサービスの受け手の視点を持つことで、それまで盲点となっていたサービス改善点に気がつくことがあり、サービス機能の充足度の検証に有用である。この際特定のサービスを対象にして、サービスの利用シーンでのペルソナの行動様式に照準を当てて、サービスの有効性を検証する。具体的なペルソナ活用手順は、アプリケーションによって様々な形態が考えられよう。

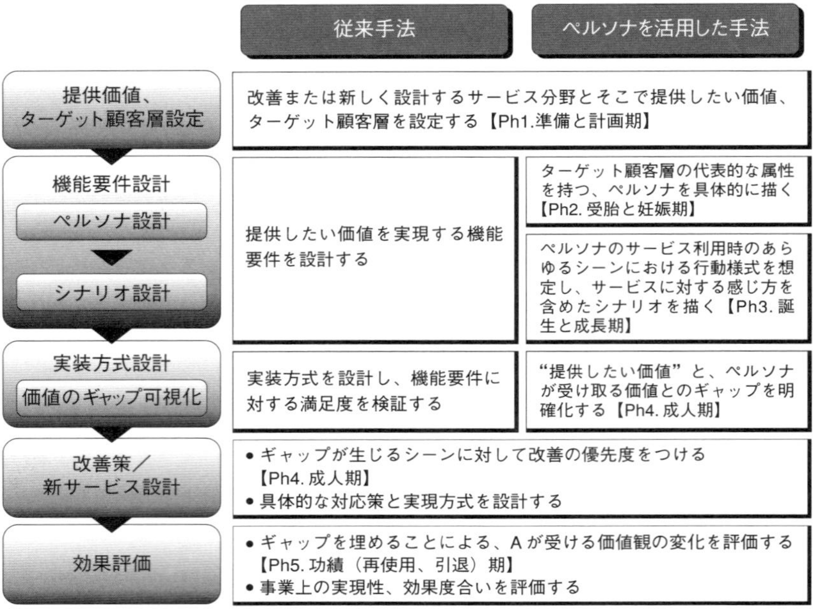

	従来手法	ペルソナを活用した手法
提供価値、ターゲット顧客層設定	改善または新しく設計するサービス分野とそこで提供したい価値、ターゲット顧客層を設定する【Ph1.準備と計画期】	
機能要件設計　ペルソナ設計　▼　シナリオ設計	提供したい価値を実現する機能要件を設計する	ターゲット顧客層の代表的な属性を持つ、ペルソナを具体的に描く【Ph2.受胎と妊娠期】 ペルソナのサービス利用時のあらゆるシーンにおける行動様式を想定し、サービスに対する感じ方を含めたシナリオを描く【Ph3.誕生と成長期】
実装方式設計　価値のギャップ可視化	実装方式を設計し、機能要件に対する満足度を検証する	"提供したい価値"と、ペルソナが受け取る価値とのギャップを明確化する【Ph4.成人期】
改善策／新サービス設計	・ギャップが生じるシーンに対して改善の優先度をつける【Ph4.成人期】 ・具体的な対応策と実現方式を設計する	
効果評価	・ギャップを埋めることによる、Aが受ける価値観の変化を評価する【Ph5.功績（再使用、引退）期】 ・事業上の実現性、効果度合いを評価する	

図4.2　ペルソナを活用したサービス改善／設計と従来手法との比較

4. ペルソナ適用事例と考察

4.1　大学構内のコンビニエンスストアを対象とした事例

　3．で述べたペルソナ技法を利用して大学構内のコンビニエンスストア（以下コンビニ）のサービス向上を試みた事例について述べる。コンビユーザは、構内に隣接する学生寮の男子、女子学生、教員、事務員であり、利用者が限定されているので、ペルソナを特定できる環境にある。また、学生寮の学生にとって、大学周辺にこのコンビニ以外店舗がなく、コンビニのサービス向上は学生生活の質の向上にとって重要であ

るということが、ペルソナを適用してサービス向上につなげようというモチベーションであった。以下、ペルソナ技法の具体的な検討と結果について述べる。

(1) 事前アンケートとプロジェクトの発足【フェーズ1に対応】

コンビニのサービスに関して、ユーザがどういう意識を持っているかに関して事前調査を行い、多くのユーザからいくつかの項目に関して改善要望の強いことを確認した。これに基づいて、ペルソナ技法を適用して顧客に対するサービス向上を検討する提案を、コンビニの管理責任者に説明し、協力を得ることでプロジェクトを発足させた。

(2) ペルソナ誕生のためのデータ収集【フェーズ2：受胎期に対応】

ペルソナ誕生のためのデータ収集は次の2つのステップで行った。

ステップ1：コンビニ店舗での顧客購買行動の観察

コンビニをどのような人がどれくらいの頻度で使っているかを調べるために、ペルソナの適用研究を進める学生が、1週間、開店時から閉店時までコンビニに待機して、すべての売上品目の購買情報（品目、価格、購買時間、性別、年齢、同時購買品目など）を収集して分析した。収集したデータは、通常のPOSで得られるデータであるが、担当の学生が一週間の間にコンビニに来店する顧客の顔を直接確認することによって、コンビニを頻繁に利用するユーザの傾向を確認できたことは大きな収穫であった。このデータをクラスタ分析などで分析した。そして、顧客のパターンが、昼型行動学生、夜型行動学生、教員、女性の大きく4パターンに分けることができるのではないかという仮説を立てた。また、売り上げ比率は、上記4パターンの顧客層でほぼ同程度であった。

ステップ2：ペルソナ設計のための顧客ヒアリング

そこで、ペルソナを4体作ることを想定して、上記4パターンに該当しそうな顧客を抽出して、ペルソナ基本情報と1日の行動パターンをヒアリング調査した。ヒアリング項目は、1日の行動パターンからコンビニとの関わりが分析できそうなものを選んだ。例えば、朝食、昼食、夕食、夜食、嗜好品、休日の行動に関する質問事項について、匿名による

アンケートを実施した。

(3) ペルソナの作成【フェーズ2：妊娠期に対応】

収集したデータをグループワークにより、KJ法などを使い、データを整理して、ペルソナを作成した。データ整理の様子を図4.3に示す。データを項目ごとに整理し、プロジェクト員が議論することで、あたかも実在する人物のようなペルソナを創り出した。コンビニのユーザであるペルソナは、朝食をとらず夜遅くまで活動して夜食をとる夜型活動学生と、朝起きて朝食をとり朝から大学の研究室で活動する昼型行動学生に別れることがデータからも示された。そして、それぞれのペルソナに対して一日の行動パターンを作成し、この行動パターンとコンビニとの関係で、コンビニのサービス改善を検討しようと考えた。データを分析した結果、学生寮の学生の1日の行動パターンから、公共料金振り込みサービスほかの生活支援サービスの充実、食事の栄養バランスを考慮した品ぞろえの充実など、生活面でコンビニのサービス改善への期待が高いことがわかった。特に夜型活動学生のコンビニ依存度が高いことも明

図4.3　グループワークの様子

らかになった。女性は、特に昼食時の利用が多く、低カロリーの食事をコンビニに期待する傾向が強い。こうしたデータをもとに、ペルソナの1日の行動パターンを作りあげた。

(4) ペルソナがコンビニに望むこと

各ペルソナに、コンビニのサービス向上のために何をしてほしいかを語らせ、これを9項目にまとめて、コンビニの責任者に提案し、改善を求めた。たとえば、女性や夜型活動学生は、栄養のバランスや低カロリーのための野菜果物販売を増やしてほしいこと、学生寮に住んでいる夜型、昼型学生の行動パターンから休日の営業時間をシフトしてほしいこと、支払い（公共料金）や取次サービスの充実など、具体的なペルソナの生活パターンとコンビニの関係で多くの改善提案候補があがった。

4.2 考察

この事例は、身近で小規模なペルソナ技法適用事例だが、代表ユーザ像としてのペルソナを作り、ペルソナの視点でサービス価値を考えることを通じて、学生に対してサービス指向で物事を考える良い機会を与えることができた。特に、収集したデータをKJ法などで分析し、グループワークでペルソナ像を作り上げるプロセスが重要であることを認識した。ペルソナを作る過程で、ペルソナの行動特性とそれに基づくサービス向上への期待について参加者が多くの意見を出すプロセスは、ペルソナという顧客の視点に立ってサービスを考えていることに他ならない。この点が、ペルソナ技法が顧客中心で製品やサービスを考える上で有効とされる理由であろう。

5. おわりに

ペルソナ技法は、サービス指向アプローチや顧客満足アプローチに対

して、非常に有効な方法である。行動パターンだけでなく、価値観やライフスタイルの評価も取り入れることが考えられている。ペルソナマーケティングは、価値観やライフスタイルを設計する際に、多数の人を対象にした詳細な調査が必要となる。そのため、時間やコストがかかることからこれまで限られた業界でしか適用されてこなかった。しかし、ペルソナ技法の有効性が認識されて、大手印刷会社では、1万人の生活者から得た情報を元に、ペルソナのプロファイルや購買行動を提供するサービスを開始する動きも報告されている。

現代は、購買時のPOS、電車の乗降ゲート、ETC通過ゲート、クレジットやデビットによる決済情報など、生活者の行動や嗜好に関するデータがあらゆるシーンで収集できる時代であり、それをサービス向上に有効活用されることへの期待は高い。これまでは、顧客指向に意義を感じながらも、設計の作業負荷や「架空の人物像を設計する」ということに対する心理的なハードルからペルソナマーケティングによるアプローチを避けてきた企業は多いと思われるが、今後、ペルソナによる顧客指向型アプローチは多くの業界から支持されるであろう。

なお、ペルソナ技法のコンビニへの適用に関しては、北陸先端科学技術大学院大学博士前期課程、凌歓さんの協力を得た。

参考文献
(1) 原辰徳, 土井博貴, 渡辺健太郎, 下村芳樹, 坂尾知彦:「サービス工学のためのペルソナ概念を用いたシナリオモデリング」, 日本機械学会, 第14回設計工学・システム部門講演会講演論文集, pp.320-323 (2004)
(2) 伊原誠人, 榊原弘記, 湯浅直弘, 中村匡秀, 松本健一:「ホームネットワークシステムにおけるサービス開発へのペルソナシナリオ法の適用と評価」, 電子情報通信学会, 信学技法, pp.1-6 (2007)
(3) J.Pruitt, T.Adlin(秋本芳伸, 岡田泰子, ラリス資子訳):『ペルソナ戦略』, ダイヤモンド社 (2007)
(4) A.Cooper(山崎浩生訳):『コンピュータは, むずかしすぎて使えない!』, 翔泳社 (2000)

(5) J.S.プルーイット，タマラ・アドリン:「高ユーザビリティ製品を開発するペルソナ　顧客経験のデザイン」，*Diamond Harvard Business Review*（2007.7）
(6) 日経情報ストラテジー:「特集1 究極の顧客像を構築せよ「ペルソナ」マーケティング」，（2007.10）
(7) Z.Yaar, S.Mulder（奥泉直子訳）:『Webサイト設計のためのペルソナ手法の教科書』，毎日コミュニケーションズ（2008）
(8) ペルソナ＆カスタマ・エクスペリエンス学会，http://www.personadesign.net/

第5章 ● IT化サービスにおける顧客の目的価値実現

――サービス指向要求開発方法論――MUSE

西岡由紀子
(アクト・コンサルティング)

山村　圭
(キューキエンジニアリング)

1. はじめに

　ITが企業戦略に深く係わり、経営の生命線を握るようになり、ROI (Return On Investment) 責任の面からもIT活用の効果を問われるようになった。しかしながら、システム構築の現場では、「動かないコンピュータ問題」[1]に指摘されるようにQCD（品質，コスト，納期）を全うすることさえままならず、IT活用の成果を問う段階に至らないのが実状である。その実態は、国内の大規模システム開発プロジェクトの成功率は約30％であり、その中でもシステムは稼動したが顧客から「使えない」と評価されるシステムは約25％にのぼるといわれている[2,3]。顧客は経営課題解決のためにITを活用するのであって、システムを作ることが目的ではない。経営課題の解決には、顧客の視点に立ち、ITサービスの受け取り手の「価値」に注目したIT化が求められる。その前段として、顧客の視点でのニーズの掘り起こしが重要であり課題解決の出発点となる。
　昨今、IBMの提唱する「サービスサイエンス」[4]や東京大学が中心となり産学連携で研究を進めている「サービス工学」[5]など、サービ

を科学・工学の観点から捉え、顧客満足度ならびにサービスの生産性向上を目指す取り組みが注目を集めている。筆者は、2006年からサービス工学研究会に参画し、サービス工学の考え方を用いてサービスの視点から事例分析を行い、IT分野の抱える問題を明らかにしてきた[6, 7, 8, 9]。

本章では、仕様も目的もはっきりした組み込み系や制御系システムではなく、業務改善・改革に向けた業務システムや経営管理システムなど、時としてはIT化の目的自体がはっきりしていない人間系の業務を対象としたシステムの開発について、IT化の構想段階に焦点を当て、顧客における目的価値の顕在化の重要性をサービスの視点から捉える。そのプロセスは、知識創出の過程ともいえ、そこで用いた方法論MUSE Method[10]（以下、MUSE）は、客観的かつ合理的に顧客の価値を炙り出し、関係者の合意・共感を得るために有効であると同時に、知識獲得・創出を支援するツールでもある。

事例分析では、大規模基幹業務システムの成功事例を取り上げ、
① 顧客の視点に立ち、サービスの受け取り手の「価値」に注目したIT化が求められる
② その前段として顧客の視点の掘り起こしが重要であり、課題解決の出発点である
③ そこで用いた方法論MUSE[9]は、顧客の目的価値の顕在化に有効である

ことを示す。まず、顧客の目的価値は、IT化サービスの機能価値に展開されるという構造を示し、サービス提供者が機能価値を顧客に提供した結果、顧客の目的価値が実現されるという価値連鎖を示す。次に、IT化のサービスモデルを描き、顧客の目的価値を顕在化させ、IT化サービスの機能価値に翻訳し、併せて、全体を俯瞰したIT化の実現を見届ける役割、建設業でいう「設計事務所」の重要性を示す。従来型のシステム開発プロジェクトでは、システムを作る、運用する、使うことが目的化し、一貫したIT化の目的価値を実現する視点が欠け、価値連鎖が途切れていたともいえる。

また、中小規模のIT化事例を紹介し、企業体力のない中小企業のIT化の困難さを乗り越え、より早くIT化の効果を手にする、MUSEとアジャイル型開発の融合による実践型のIT化について言及する。

2. サービス工学のIT化サービスへの適用

第2章で紹介したサービス工学では、サービスを「サービスの提供者が、対価を伴ってサービスの受給者が望む状態変化を引き起こす行為」と定義している[11]。例えば、車の利用者は車を「所有する」ことが目的ではなく、「移動する」ことが目的である、という視点でものごとを捉える。そこでは、誰といつどこに移動したいか、というサービス受給者の移動目的によってその手段は変わってくる。サービス工学では、モノづくりをサービスという切り口から工学的に議論し、問題解決に適用することを目的としている。

経営課題の解決を目的としたIT化サービスの分野では、これまで「サービス」という概念で業務モデルやIT化のプロセスを捉えることはなかった。IT化サービスにおいては、2つのサービス体系がある。ひとつは、顧客のサービスモデルであり、もうひとつは、IT化のサービスモデルである。顧客のサービスモデルでは、顧客の個々の業務をサービスとして捉え、その提供者と受給者の関係、その連鎖によって最終顧客に至るサービスを明らかにし、あるべき姿を描くことによって、IT化の目的価値を明らかにする。次に目的価値を充足するための個々のITを用いたサービスについて検討する。このように、IT化サービスでは、目的価値の抽出とそれの実現という2段構えの構造を持つ。以下、業務系のIT化サービスの実態を解説しながら、サービスの視点からIT化について検討する。

サービス工学では、BtoC（企業→消費者）を対象分野として研究を始めた。そこでは、企画から設計・開発、市場への提供、運用に係わる

者すべてが共有するターゲット像として「個人ペルソナ」を想定し、その性格や志向と併せて普遍的・一般的な価値観を定義し、根源的な顧客価値の充足を図ろうとしている[8]。

一方、IT化サービスは、B to Bサービスである。B to B（企業→企業）では、多くの場合、個人の性格・志向でものごとが左右されることは少なく、組織の役割・意向でものごとが決まる。サービス工学では、B to Bへの取り組みは「個人ペルソナの集合体として企業あるいは組織を扱う」としているが、議論の余地がある。ドラッカーの世界観：「全体は部分の集積ではない」[12] に示されるように、組織は組織としての顔を持つ。B to B においては、「個人ペルソナ」ではなく「組織ペルソナ」を定義し、組織の視点から顧客価値を検討する必要があろう。また、B to B では、

　① 求めるサービスの仕様は受給者である顧客が提示する
　② サービスの提供者はその内容について直接受給者と会話し合意できる

ところに特徴があり、この点がB to Cにおけるサービスとの大きな違いである。

3．IT化サービスの実態

まず、本章で対象とするB to B におけるITサービスについての実態を概説する。

3.1　システム構築の現場

IT化はシステムがうまく出来上がらなければ成功しない。システム開発が失敗する理由は、顧客、開発会社双方にある。顧客側の理由は、主に「顧客がIT化要求を明確にできない」ことに起因する。たとえば、

① 合理化による情報システム部門の弱体化が進み、丸投げのアウトソーシングが増えた
② 市場のニーズやサービスの多様化といった環境変化を先取りするのは難しく、決めた仕様がすぐに陳腐化する
③ 特に大規模システムでは、関連する業務、組織、利用者が多様化し、全体をバランスした最適化が難しい

などが主な要因である。

開発会社側の理由としては、
① 顧客との意思疎通が困難
② 力量不足（ITの進展に技量が追いつかない、プロジェクトマネジメントの稚拙、品質管理の不足など）
③ 要素技術の未成熟
④ 多重の下請け構造による品質の低下や責任不在の開発体制
⑤ 実態と乖離した契約形態

などが挙げられる。顧客、開発会社双方の協力で解決すべき問題も含め、システム開発プロジェクトを巡る問題は山積している。

　ところで、「モノづくり」という観点からは同業とみなせる製造分野とIT分野であるが、その要求仕様の定義と合意プロセスには大きな違いがある。製造分野では、設備の機能仕様は、サービスの受給者（企業）と提供者（メーカー）間で共通の用語（用途・規格・容量・性能・方式など）、表記を用いて取り決め、合意の上で契約や発注に至る。また、設計情報についても同様であり、サイズ・重量・設計値・性能値・図面など、双方が理解する尺度で取り決める。納品時には、設計時の許容誤差範囲に収まれば合格・検収とする。技術、リードタイムについても相互に理解し、品質・コスト・納期の観点で齟齬が起きることも少ない。

　ところが、IT分野、特に業務系システムでは、この共通の認識、用語、尺度が標準化されていない。極論すると、顧客はITで何ができるかわからないままIT化の要求仕様を書くため、開発会社は設計書に落せない。逆に、開発会社が顧客と意思疎通を図り、不明点を解消しよう

としても、業務に精通しておらず、住む世界も知識・経験も異なるため会話が成り立たない。そのため、開発会社は独自の解釈でシステムを作らざるを得ず、動くものを顧客に見せて始めて齟齬が明らかになる。片や、顧客は動くものを目にして始めて自らの要求に気づく。その結果、仕様変更が各所で生じ、システムはその場しのぎの寄せ集めとなり全体で不整合が生じ、スケジュール・費用のやりくりで本筋の開発が縮小されるなど、悲惨な状態に陥る。テストの方法もプロジェクトごとにまちまちであり、品質を測る尺度も存在しない。また、工数（投入された人の時間）換算の費用算出方法は、品質が悪く完成するまでに時間を要すれば要する程、費用が嵩むという矛盾した尺度である。本来の機能あるいは価値に見合った対価を支払うという考え方は未だ浸透していない。

　上述の事情が複雑に重なり、結果として完成できなかった、納期が遅れ費用が嵩んだ、納入できたが使われなかった、などの「動かないコンピュータ問題」となる。開発者は、疲弊しきった状態で次のプロジェクトに飲み込まれ、失敗の経験が知識として次に活かされず、3K 職場と化しているのが実状である。

3.2　IT はサービス業

　上述のように、IT 分野は、標準化・部品化・分業などの工業化が遅れた業界であるが、3 次産業（サービス業）に分類される。製造分野では、納品された設備をどう活用するかは使う側の問題であり、予定した成果が出ないことの責任をメーカーに問うことはしない。IT 分野では、最近 IT 活用の成果に対してシステムの良否が議論されるようになった。それは、システムという「モノ」の提供ではなく、システムを活用した「サービス」を顧客が求めていることの現われである。換言すれば、提供したシステムで「機能価値」を充足した結果、顧客が手に入れる「目的価値」の充足が求められる。Google、Amazon、楽天などの B to C においては、IT 分野でも顧客の思いを超えたサービスを提供している。

しかしながら、B to B では「モノ」の提供段階で躓いている。

IT 分野におけるモノづくりの難しさは、ソフトウェアがその名のとおり柔らかく、何でもできてしまうところにある。それが良さなのだが実態は上述のとおりである。本来は技術の進展を見越し、許されたリソースの中で将来を踏まえた情報基盤を構築し、変更に強い仕組みをどう埋め込むかが開発会社の腕の見せどころであり、システム開発の勘どころでもある。また、その情報基盤上の業務アプリケーションの開発では、顧客と「判断基準」を共有することが肝要である。そのためには、開発の前段で顧客の目的価値を明らかにし、その目的価値を満たすためのIT 化の機能価値を見出す、という手順を踏むことが重要である。そうすることで、「顧客の目的に合致するか」という根本的な判断基準を得ることができ、軸のブレない開発に繋がる。

3.3 運用の実態

成功率3割であれシステムが無事稼動したとしても、IT 化の最終目的は顧客の組織力がなければ達成しえない。昨今、先進企業では CIO（Chief Information Officer）を置き、IT 戦略を重要視するようになったが、経営者の無関心、利害関係者の理解・協力不足による IT 化の停滞が各所で見受けられる。システム開発が終わるとプロジェクトは解散され、後はシステムの運用・保守をアウトソースして終わり、では乱暴である。システム利用状況、利用局面に応じたフォローが必要であるが、体制・費用面ともに先細りとなり、「継続的な改善ができる」というソフトウェアならではの良さが活かせていない。投資効果の観点からも、稼働後にすぐに効果が表れることは少なく、目的価値の実現度合いを評価し、問題点・課題を是正する、という IT 化の PDCA サイクルを回すレベルに至っていないのが現状である。

4. 目的価値を実現する方法論——MUSE

　MUSEは、筆者らの提案によりIT化サービスの方法論として開発されたモデリング手法である。併せてブレーンストーミング手法としても有効である。MUSEでは、顧客の目的価値を顕在化させる役割として「設計事務所」の存在を想定している。「設計事務所」の役割は、顧客、コンサルタント、SIer（システムインテグレータ）や開発会社がその一部または全部を担当する。

4.1　組織ペルソナと2つの価値

　まず、IT化構想段階に焦点を当て、顧客の「目的価値」の抽出と「機能価値」への落とし込みについて述べる。企業の基幹業務を対象とした大規模なIT化では、多様な利害関係者が係わり複雑多岐にわたる企業活動が存在する。組織が大きくシステムが大規模になるにつれ、全体を見渡すことは難しく、混沌の中から顧客の「真の思い」を顕在化させることが重要となる。図5.1にIT化構想策定プロセスを示す。このプロセスは、EA (Enterprise Architecture)[13]でも提唱され、どのIT化プロジェクトでも大なり小なり実施している。本プロセスは、以下の現状把握、将来像の策定、IT化構想の策定で構成される。
　① 現状把握（1～2）
　　顧客（経営者、中間管理職、現場）が議論する「場」を作り、そこで得られた業務知識・問題点・課題を設計事務所が咀嚼し、組織の役割を明らかにし、現状業務の全体像を描く。
　② 将来像の策定（3～4）
　　現状分析で明らかになった業務を「機能」要素に分解し、最適配置した将来像を描く。これを顧客と議論し部門の方向性を確認する。

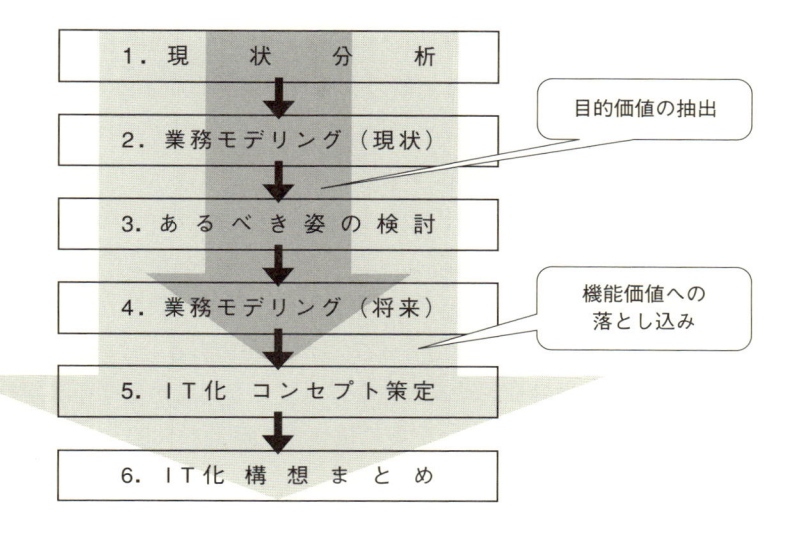

```
1. 現 状 分 析
   ↓
2. 業務モデリング（現状）          ─ 目的価値の抽出
   ↓
3. あるべき姿の検討
   ↓
4. 業務モデリング（将来）          ─ 機能価値への
   ↓                                  落とし込み
5. IT化 コンセプト策定
   ↓
6. IT化構想まとめ
```

図5.1　IT化構想策定プロセス

③ IT化構想の策定（5～6）

　将来像実現に向けたIT活用を検討し、IT化のコンセプトを定め、要件定義を行いIT化計画に落とす。

　各作業の区切りではトップを交えた報告会を行い、確認を取りながら次のステップに進める。上記は、サービス工学の表現を用いると、「設計事務所が、顧客である企業あるいは部門を、経営者、中間管理職、現場の3階層の組織ペルソナに分類し、それぞれの目的価値を明らかにする。その上で、全体の顔としての企業あるいは部門ペルソナが求める目的価値（部門の将来像）に昇華させ、目的価値を実現するIT化の機能価値に落とし込む」ことに対応する。

4.2　IT化構想策定における知識創出

　現状分析では、現場のプロから業務の真髄を聴き、経営者からは経営

の押さえどころを聴き、業務の全体像を把握する。関係者で現状認識を合わせた上で、企業あるいは部門のあるべき姿を議論することによって、現状の延長線上ではない新たな将来像を描く。このプロセスは、暗黙知の顕在化と知識創出の過程である。大規模なIT化では、業務もITもすべてを一人で把握できる規模ではなく、採用した技術も新しく、マルチベンダー体制で臨むこともある。このような場合、顧客のみならず、随所で顧客のOB、コア業務、要素技術、IT、プロジェクトマネジメントの専門家など外部の知恵を借りることが有効である。また、仕切り役、触媒役が介して議論し、意識共有を行って合意形成するというプロセスを通じて、関係者がIT化の意義に気づき、目的に共鳴・共感することが以降のプロジェクトの推進力となる。

では、どのようにしてプロの知識を顕在化させ、知識創出に繋げるのか。そのためには、以下の5つのプロセスが重要である。この繰り返しによって知識創出の土壌が醸成され、そこで生まれた新たな知識が組織知として定着する。

(a) 暗黙知が顕在化する環境を作ること
(b) 暗黙知を形式知として"見える化"すること
(c) 個人知を組織知にすること
(d) 全体感を掴むこと
(e) 全体と部分の係わりを掴むこと

4.3 ブレーンストーミング

短期集中型で衆知を集め、整理・体系化するには、ブレーンストーミングが有用である。IT化構想段階はもとより、IT化実現段階（開発、運用段階）においても意識共有、合意形成の「場」としてMUSEのブレーンストーミング手法を用いる。

以下にその手順を紹介する。
① 参加者は車座になって座る（7～8名が適当）

② テーマに沿ってカード（ポストイット）に各自の意見を記入する

　意見はカード1枚に1件とする。
③ 全員のカードを集め、他人のカードを均等に混ぜた上で各人に再配布する
④ 座長の仕切りにより、「カード出し」を行う

　まず、座長が手持ちのカードの1つを発表する。座長の仕切りで、その内容と同類のカードを持つ人が順に発表し、MUSE用紙（模造紙大のマス目付き用紙）に貼っていく。同類のカードが出尽くしたところで座長を交代し、カードがなくなれば終了する。
⑤ 同類のカードをカテゴリ分けし、タイトルを付ける
⑥ タイトルラベルを用いてカテゴリ間の関係を連関図に表わす

ブレーンストーミング手法としての特徴は以下のとおりである。

① 民主的

　他者の意図を代弁することにより、大きい声、職位、経験などに引きずられず、実質の議論ができる。

② ゲーム性

　座長はカードの「採用」「却下」の裁量を持つため、発言者は自分のカードが採用されるよう何かと座長の説得を試みるなど楽しく議論が進められる。

③ 短期・集中型

　カードの枚数とその内容により、テーマ領域の関心度と重要度、連関図により課題の地図（全体像）と因果が把握でき、短時間で大勢が判明する。

④ ブレークスルー

　立場を超えた集中議論により参加者の意識レベルが上がり、ふとした発言・気づきがブレークスルーに繋がる。

本手法は、（a）忌憚なく暗黙知を出せる「場」を提供し、（b）各自の意見・思い（暗黙知）を表現し、その意味を参加者で議論し認識を合

わせることによって形式知化し、(c) 参加者の合意により個人知を組織知に変える、いわば、「場の風を言葉にする」コミュニケーションツールである。

4.4 業務モデリング

業務モデリングは、顧客の業務をサービスとして捉え、サービスモデルを明らかにすることに他ならない。全体像を描くことにより、全体としての課題を見出し、ものごとの価値、進むべき方向を確認する。システムの肥大化、複雑化、ブラックボックス化が進むIT分野では、全体像を把握して対処することが顧客、開発会社双方に求められており、このステップは欠かせない。

以下に、MUSEの現状業務のモデリングについて、進め方を紹介する。

① 業務で使う情報（画面、帳票、マニュアルなど）を関係者で読み合せし、そこからデータの固まり（バスケット、ライブラリ、ドキュメント）を抜き出す
② ①で抽出したデータを誰が使うのかという視点で、役割の担い手であるエージェント（オブジェクター、ウォッチャー、コレクター）を見つける
③ 設備、建屋、製造者、輸送業者、顧客、株主、銀行などの業務に関係する実在物を洗い出す
④ エージェントの機能を抽出し、アクションとして記述する
⑤ エージェント、データ、実在物をカードに書き出し、MUSE用紙に貼り、業務の全体像を描く

図5.2に、エージェント・データの表記法を示す。この段階で重要なことは、仮説を立てながら進めることである。業務の機能が不明あるいはそこにあるはずだが知り得た情報からは見えてこない業務も出てくる。しかし、都度調べることはせず、欠落部分は想像で補い、ヒト、モ

：オブジェクター
サービス要求に基づき自律して関係するエージェントを制御・調整しサービスを実施する役割を持つ

：ウォッチャー
管理の対象となるエージェントの属性・状態に対し、監視する役割を持つ

：コレクター
管理の対象となるエージェントの属性・状態の情報を収集する

：バスケット
雑多なトランザクションが中に入っている

：ライブラリ
整理された情報がライブラリアンによって管理、保存されている

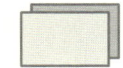

：ドキュメント
請求書、契約書等の書類

図5.2　MUSEの表記法

ノ、情報と業務の係わりを明らかにする。特に、他部門との業務のまたがり、外部環境も含めて部門がどういう機能を果たすのか、その全体感を掴むことに主眼を置く。業務の流れは、後のウォークスルー（仮想的に図中を歩く）によって検証する。

　全体像の作成では、複数のMUSE用紙を貼り合わせ、業務の関係を見ながら、時間の流れに沿って左上から右下にエージェント、データ、実在物からなる業務の固まりを配置していく。最後に組織名を入れ、細いテープで組織の枠と対象領域を囲い、タイトル、日付を付ける。これらの作業は、設計事務所が中心となり、顧客の参画を得ながら進めていく。

　出来上がった全体像を顧客と鳥瞰し、ウォークスルーを行うが、各エージェントの機能、機能とデータの係わり、エージェント相互の関係を確認し、想像で補った部分、仮説も含め検証していく。そこでは、全体を通して見えてくる業務の無理、無駄、ムラを排除し、不足機能を追加する、といった業務改善を顧客と協働で実施する（図上のカードを剥がす、統合する、移動する、新しいカードを貼る等）。

次に、将来像を考えるには、現状業務のモデリングで明らかになった業務を個々の「機能」に分解し、次の３つの視点からその最適配置を検討する。
　① 向かうべき方向（トップの意思）を決める
　② 枠（現行のやり方、仕組み、組織、体制、関係箇所とのしがらみ、慣習等）を外す
　③ 尺度（何でものを見るかのモノサシ）を決める

これら①～③は、事前のブレーンストーミングを通じて明らかにしておく。従来の制約を緩和する（現実と理想のギャップを埋める）のがITであり、組織・体制・運用ルール等の環境整備である。それらを踏まえ、組織枠から機能枠に視点を変え、全体を最適化するよう業務を再編成する。

業務モデリング手法としての特徴は、以下のとおりである。
　① 業務全体を可視化する
　② 業務を的確に分析できる
　　データという事実に基づき全体像描く。鳥瞰とウォークスルーにより仮説を検証する。データ、エージェントの抽出は帰納的であり、モデリング図による仮説表現、検証は演繹的な分析である。帰納的、演繹的の両方からの分析で業務を的確に分析する。
　③ 短期間、少人数で業務のあるべき姿を策定できる

この業務モデリング手法は、業務の可視化ツールであり、(d) 知り得たことを絵に表わすことによって、全体を直感的に掴み、(e) 全体を鳥瞰し、細部をウォークスルーしながら検証する。この過程が全体感を持った知識創出に繋がる。

5. 大規模IT化事例

5.1 対象事例

次に、IT化事例を紹介する。本事例は、ユーティリティ企業の設備部門における業務システムである。設備データベースを中心に、設備計画、工事、保全、運用といった基幹業務を網羅し、PDCA（Plan、Do、Check、Action）サイクルによる部門の業務運営を下支えする。システム概要を図5.3に示す。本システムは、他の設備部門3箇所に横展開し、極めて短期間で実運用に供され、業務の改善・改革を後押しした。併せて、従来の同等システム開発に比べIT化投資が半減するなど、IT化の成功事例として社内外から評価を得ている（澁澤賞2005、オーム賞2006受賞）。

筆者らは設計事務所として参画し、筆者らの提案によるMUSEを用いて、IT化の構想段階から開発・運用に至るまで顧客に伴走し、ユーザーの視点から「ITを活用した業務改革の実現」を支援した[6, 7, 8, 9]。

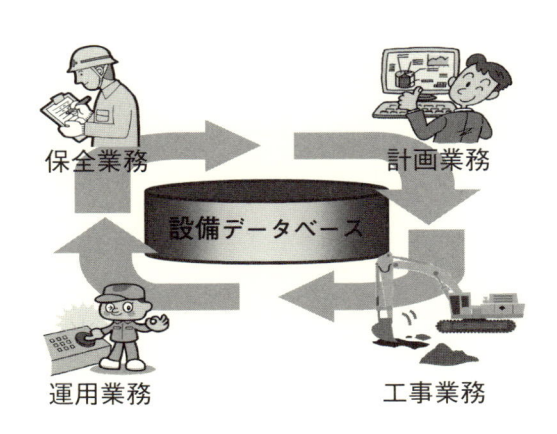

図5.3 システム概要

5.2　目的価値から機能価値への展開と価値連鎖

　IT化サービスにおける価値の顕在化とその機能展開について上記事例をベースに考察する。事例のような大規模のIT化では、当該設備部門の本社統括部門・支店・現場保全箇所、運用部門、他の設備部門、資材・経理部門、最終顧客、メーカー、工事会社など多様な利害関係者が係わり、複雑多岐にわたる企業活動が存在する。業務サービスについてモデル化が必要なことは、前述のとおりである。

　ここでは、IT化サービスにおいて、顧客の目的価値を、ITを用いて実現する機能価値に展開するイメージをサービス工学のビューモデル表記にて表わす（図5.4）。以下、フェーズごとに説明を加える。

　上部のIT化構想フェーズでは、混沌の中から顧客の真の要求（＝組織の目的価値）を顕在化させ、部分の積み上げではなく全体最適を求め

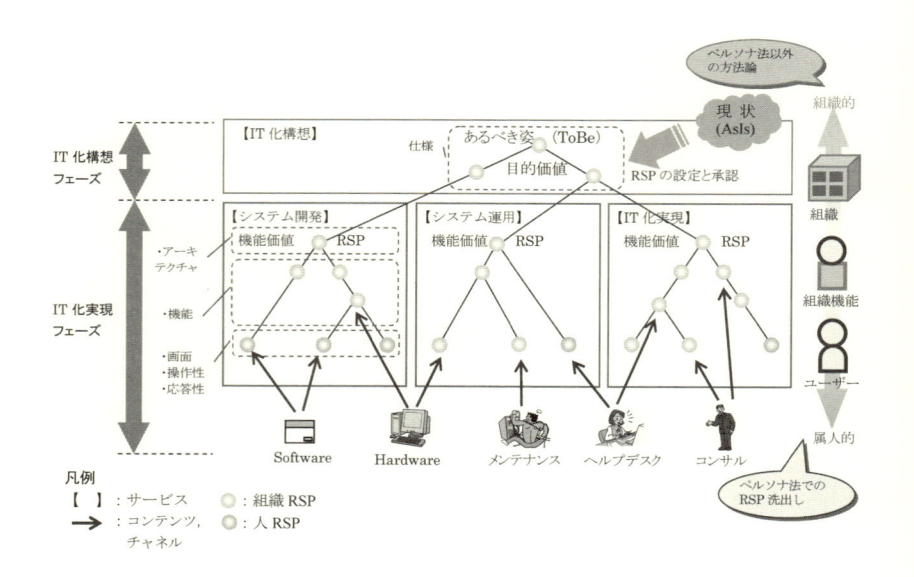

図5.4

る方法論が必要となる。

　下部のIT化実現フェーズでは、目的価値を実現するための概念的な機能価値を起点に、個々のサービスの実現構造に展開する。システム開発サービスでは、システムの設計思想としてのITアーキテクチャを定め、業務機能とそのRSP（Receiver State Parameter: サービスの受給者が望む状態を表わすパラメータ）に展開し、開発すべきシステムを詳細化・具体化していく。画面のレイアウトや表示項目を設計する段階では、利用者（ITユーザ）の顔が見えてくるため、個人ペルソナ法によるRSPの洗出しが有効となろう。システム運用サービスでも同様に、運用サービスの機能価値を具体化し、運用設計を行い、運用環境の構築、運用・メンテナンス体制などを検討する。IT化実現サービスでは、IT化への現場の啓蒙や、システムに合わせた業務プロセス・業務ルールの変更、また、システム稼動後の利用促進・定着の仕組み、体制（教育・研修、ヘルプデスク）などを検討する。展開された実現構造に基づき、ソフトウェア、ハードウェア、システムのメンテナンスやヘルプデスクなどのコンテンツ、チャネルを開発し、提供する。

　このようにして実現された個々のITサービス機能が、相互に作用し合い、連鎖し、目的価値の実現に繋がっていく。従来のシステム開発プロジェクトでは、この価値の連鎖が途切れ、システムを作ることが目的化していた。運用段階でも、運用会社は運用することが、利用者はシステムを使うことが目的化し、あるべき姿の実現に繋がっているのか、一貫した視点でIT化を俯瞰する機能が不足していたといえる。

　例えば、「原価を見える化する」ことが開発の目的となり、「原価を低減する」という目的価値に至らない。原価は見えたものの、改善点を見出すレベルの細かさで詳細が見えない、関連する事象と紐付けできない、など、痒いところに手が届かない中途半端な機能となってしまっていることが多い。誰に何をどう見せればどんな気づきがあり、次はどういうアクションを取るから原価改善に繋がる、といったシナリオを描いて機能を検討することが重要である。サービス提供者には目的価値への連鎖

を意識した機能実現が、顧客には各機能を統合して目的価値の実現に導く指揮者としてのオーケストレーション能力が求められる。

5.3 IT化のサービスモデル

次に、前出のIT化事例からIT化のサービスモデルを図5.5のように導出した。設計事務所のサービスは、顧客のIT化実現支援である。IT化構想フェーズでは、顧客にIT化構想策定支援サービスを提供し、そこで得られた顧客の要求（Needs）を基に要求仕様（Requirement）にまとめ、機能仕様（Specification）に翻訳して開発会社、運用会社に提供する。IT化実現フェーズでは、開発会社は、機能仕様に基づき開発したシステム（Product）を顧客に提供する。ここでは、ハード、ソフトを含めたシステムを提供するとして、ITベンダーは省略した。運用会社は、システム運用サービスを提供する。また、設計事務所は、教育・研修やヘルプデスク運営や業務改革・改善の支援を通じて、IT化の実現をフォローする。加えて、IT化の全フェーズを通じて、IT化を俯瞰し、顧客、開発会社、運用会社間の調整役となり、IT化の全体マネジメントを行う。

本来、サービスモデルの登場人物は、役割の名称を表わし、その役割を担う実体（企業、組織）については問わない。設計事務所の役割は、顧客自身（情報システム部門、ユーザー部門）、コンサルタント、SIerや開発会社がその一部または全部を果たしてもよい。1つの登場人物としたのは、IT化の全フェーズを通じて「一貫したIT化の目的価値実現の視点」を持ち続け、IT化のPDCAサイクルを回すことの重要性からである。

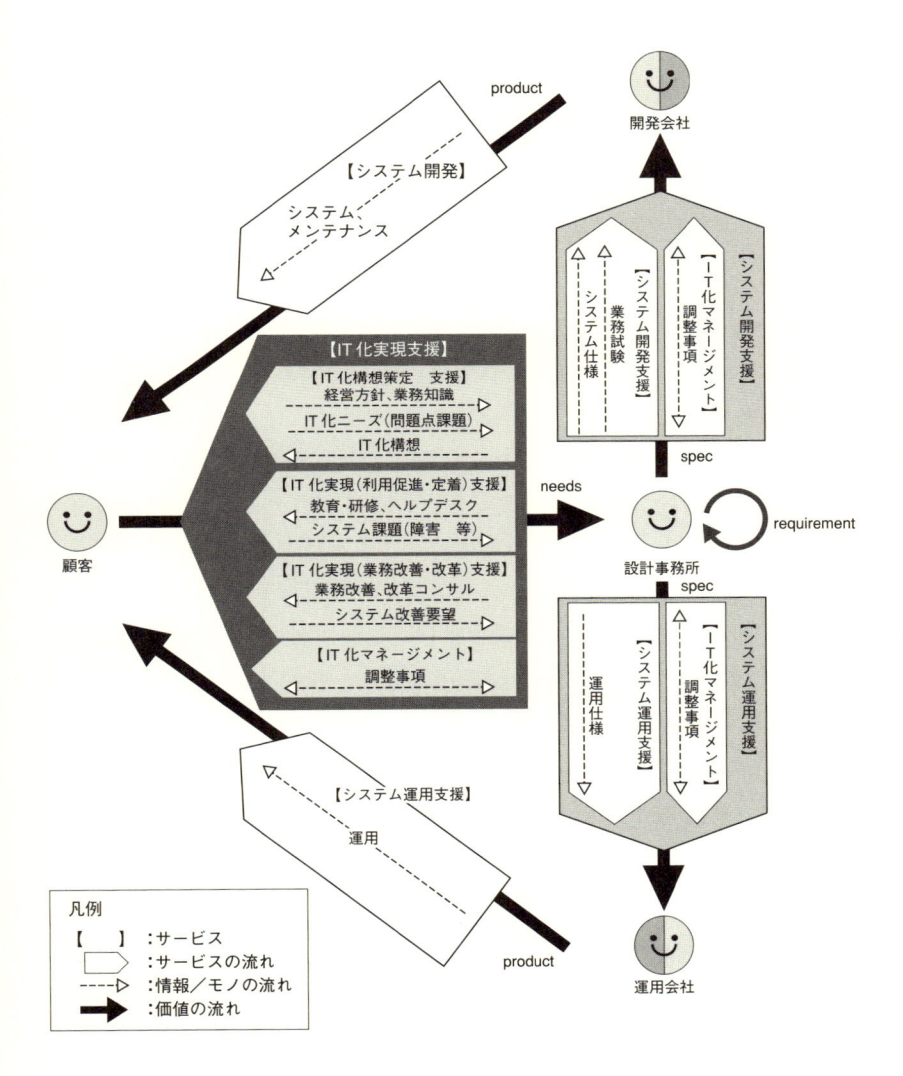

図5.5

6. 中小規模IT化事例

6.1 対象事例（中小規模）

　以下に紹介する事例は、企業規模120名弱の中小建設業（電気設備の建設・保全を実施）のIT化である。開発したシステムは、総合工事管理システムであり、受注管理から作業要員計画、工事進捗、原価管理、勤務管理、在庫／調達管理、精算管理、電子申請承認、経理／給与連携まで包含している。

　IT化した結果、紙を用いた勤怠、精算などの転記、集約、確認作業がなくなり、現場では、進捗と安全、品質に注力する余裕が生まれた。また、現場の状況（進捗、要員配置）が、事務所にいる管理者から確認できるようになったため、全体の工程調整、要員融通が容易になり、社員の稼働率が上がり外注費が減り、その結果3年間で原価率が4％、利益率が7％改善するなど、業務効率化に加え、収益改善に大きく寄与した。一方、原価の推移と発生予定が掴め、赤字案件への対処が早まるなど、経営判断の迅速化にも繋がっている。また、倉庫管理システムの導入に先駆け、不用資機材の廃棄（10tトラック10台分）、棚の配置、資機材の置き方を見直した結果、2箇所に分かれていた倉庫を1箇所に集約できたなど、スペース削減、金利の削減にも寄与した。これらは、IT化と業務改革を同時並行で進めた成果といえよう。その成果が認められ、本企業では、経済産業省から2009年度の経営実践認定企業の認定を受け、併せて地域賞を受賞した。

6.2　IT化のアプローチ

　中小建設業の特徴は、屋外・単品・受注生産であり、労働集約型産業で、しかも多重下請け構造の業態であり、施工中心の経営形態である[14]など、IT化の難しい業界といわれている。利用環境が厳しく、業務の

標準化も難しく、何より人的・経済的な余裕がない。ITリテラシーも低い。また、背景にはユーティリティ企業の設備部門では、建設から高経年設備の維持・メンテに軸足を移しており、工事量の減少が想定され、「工事をこなす」だけでは先行きが厳しいという状況があった。

　そこで、IT化構想フェーズでは、MUSEを用いて経営者、管理者、現場が議論できる場を作り、IT化の土壌作り（IT勉強会など）をしながら、現状業務の問題点・課題の洗出しを行い、将来のあるべき姿を描き、IT化構想に落とし込んだ。このプロセスは、システムの規模に係わらず、関係者が現状を共通認識し、将来の方向性とIT化の目的を合意し、顧客自らがその実現をコミット（約束）するためにも必要不可欠なものである。ここで得られた共通認識と議論の「場」が、その後のIT化実現フェーズの推進力となり、迅速な課題解決に繋がることは、先の大規模IT化事例でも同様であった。「この時の共通意識が、"遺伝子"としてシステムの構築段階、運用段階に引き継がれ、求心力になった」とは、顧客IT担当者の言葉である。

　さて、中小企業事例に話を戻す。上述の現状分析の結果、現時点で最終顧客から得ている信頼感と満足度を今後とも維持していくには、付加価値の高いビジネスへと移行する必要がある、との共通認識に至った。続くあるべき姿の議論で出されたのは、電気設備の計画・設計・建設・保全・運用まで担う「電気設備のソリューション企業へ」という方針であり、電気設備のシンクタンク、IT武装工事のパイオニアとなる、安全・安心の提供企業になる、という企業の将来像であった。

　MUSEの業務モデリングを通じて、トップダウンとボトムアップの双方向から業務のあるべき姿を摺り合わせ、①現場の徹底支援、②工事管理・監理支援、③強力な社内・社外連携を実現するという目標を掲げた。IT化の目的価値は「IT武装した工事の実現」であり、システム開発の機能価値は、上記①②③の実現である。それらのRSPは、①事務処理からの開放度、②ヒト、モノ、カネの実態把握の即時性、全体調整の容易性、③経理システム、顧客・協力会社との連携度、などを定量化

した指標（快適度、満足度、工数、頻度など）である。システム運用の機能価値は、①いつでもどこでも誰でも使える環境、②安全、安心、快適なシステム、③運用メンテナンスフリー、の実現に置いた。

　システム開発では、アジャイル型の開発方式を採用したことを特筆したい。「開発する」、「使ってもらう」、「フィードバックする」を反復した。実際に動くモノを数週間で作り、現場に使ってもらい、意見を吸い上げ、即座に改善し、順次運用を開始しながら、現場に馴染むシステムを作り上げた。その一方では、「システムの縛りで業務を変える」という荒業で業務改革を実施し、ITと業務改革の併せ技でIT化を推進した。

　以下、本システム実現に当たって考慮した点を示す。
　　① ICカードや2次元バーコードを活用し、現場での入力負担を軽減した。
　　② 日々の工事管理（進捗、出面、実行予算）は現場事務所で行い、サーバとは適宜同期を取って全社で情報共有した。
　　③ インターネットを通してサービスをどこでも利用できるようにした。
　　④ SaaS方式にてサーバメンテナンス不要、常に最新機能が利用できる環境を実現した。これらの施策を講じて中小建設業のIT化の困難さを乗り越えた。

6.3　考察

本事例の進め方の特徴は以下のとおりである。
　　①設計事務所の役割を担うIT化推進体制をプロジェクト当初から設けた
　　②IT化構想フェーズでは、MUSEを用いて目的価値を顕在化し、関係者で意識共有した
　　③IT化実現フェーズでは、アジャイル開発により、機能価値の段階的な実現と、現場への定着を図った

④顧客、コンサルタント、開発・運用会社が三位一体となってシームレスにIT化を推進した
⑤全フェーズで、一貫した視点を持ち続け、支障が出れば関係者が集まって原因の解明と対処する場を設け、改善を図った（IT化のPDCAを回した）

　これは、一貫した視点でIT化を俯瞰する「MUSE」と、反復しながら機能価値を実現していく「アジャイル開発」のコラボレーションによって、IT化効果を「早く、安く、確実に」手にする実践型のIT化を実現したといえる。反復により、現場実態とIT化の乖離、中小企業特有の組織力の弱さをカバーし、機能価値と目的価値の「ずれ」を縮めたことが成功要因である。

　「動いた時が、使い時」を実現するアジャイルでオープンなIT化実現手法としての特徴を以下に示す。

(a) 要求開発とシステム開発を、ユーザーが意識することなく一貫して実施できる
(b) システム開発から要求開発へのフィードバックができる
(c) システム開発が「見える」
(d) どこで止めても動くものがある
(e) 短期間、低コストで動くシステムを手にできる
(f) 業務のあるべき姿にシステムを合わせることができる

7．おわりに

　ここで本章の内容を総括する。IT化の課題は、顧客と開発会社の間に存在する「価値ギャップ」にある。顧客のゴールは経営課題の解決であり、目的価値の実現にある。一方、ITサービスの提供者（コンサルタント、SIer、開発会社、運用会社など）は、機能価値の実現までが自分達の領分であると思っていた。そのギャップを認識し、顧客内で目的

価値を顕在化し、合意・共有するだけではなく、サービス提供者とも共有すること、また、目的価値から機能価値への展開を行い、実現していくこと、すなわち、IT化を「共創」していくことが今後の姿である。

　大規模IT化の「勘どころ」と対策を以下に示す。
　　勘どころ1：目的価値の全体を俯瞰し、部分との調和を取る
　　　対策1：MUSEモデリングツールの使用
　　勘どころ2：関係者間での合意形成する
　　　対策2：MUSEコミュニケーションツールの使用
　　勘どころ3：IT化サービスの全体マネジメントを行う
　　　対策3：中立の設計事務所の設置

　次に、大規模IT化と比較した中小規模IT化における特徴と対策を示す。
　　特徴1：IT化推進の基盤がなく余裕（資金・体制）もない
　　　対策4：顧客／コンサルタント／開発・運用会社「三位一体」の推進体制、設計事務所の役割を顧客と開発・運用会社で相互に補完
　　特徴2：ITリテラシーも低く、意識も低い、組織力（実行力）がない
　　　対策5：要求開発からシステム開発まで、「反復」による現場の納得感の醸成
　　　対策6：現場実態とIT化の乖離、目的価値と機能価値のズレを「反復」にて縮小化

　以上、システム工学では扱いきれず、人が知恵を絞り新たな価値を見出し、価値を実現していくプロセスについてサービスの視点から解説した。複雑に錯綜するIT化のプロセスは、単純なモデルでは表わし切れないが、核となる要素を明らかにし、仮説を立て、実践による検証を繰り返しながら整理・体系化していくことによって、現状の混沌から抜け出し、IT化を取り巻く諸問題の解決に役立てないか、と考えている。今後とも企業の「思い」を実現するIT化に尽力していきたい。

（本章はシステム制御情報学会の許諾を得て、同学会誌『システム／制御／情報』vol.52, No.6 より転載、加筆したものである。）

参考文献

(1) http://itpro.nikkeibp.co.jp/NC/members/NC/FUDOU/20020329/1/
(2) http://itpro.nikkeibp.co.jp/article/COLUMN/20090128/323664/?ST=pm
(3) 日経コンピュータ, 2003/11/17号
(4) http://www.ibm.com/developerworks/spaces/ssme
(5) http://www.service-eng.org/
(6) 西岡由紀子, 小池睦悦:「ITビジネスに関するサービス工学的考察」, 日本機械学会第16回設計工学・システム部門講演会論文集, No.06-33, pp.84-87 (2006)
(7) 西岡由紀子:「IT化構想段階におけるMUSEの有効性」, 電気学会 第30回情報システム研究会および横断型基幹科学技術研究団体連合「システム工学とナレッジマネジメントの融合に関する調査研究会」合同研究会, IS-07-22 (2007)
(8) 東京大学:「顧客満足度および生産性向上に向けたサービス表現／評価の工学的方法論」 第3章6節 事例（4）IT活用支援サービス, サービス産業生産性向上支援調査事業 (2008)
(9) 西岡由紀子:「IT化構想時における知識創出」, システム工学とナレッジマネジメントの融合特集号, システム／制御／情報, Vol.52, No.6, pp.22-28 (2008)
(10) 西岡由紀子:「システム構築に向けたMUSE Concept」, 大阪大学マルチメディア工学特別講義 (2005-2008)
(11) 下村芳樹他:「サービス工学の提案第1報, サービス工学のためのサービスのモデル化技法」, 日本機械学会論文集C編, Vol.71, No.702 (2005)
(12) P. Drucker: *Landmarks of Tomorrow*, New York: Harper & Row (1959)
(13) 日経コンピュータ:「EA大全」, 2003年9月8日号 (2003)
(14) 建設経済研究所:「今後の建設業のビジネスモデルに関する提言」 (2006)

第３部　サービス価値の共創

第3部では、顧客とサービス提供者とのサービス価値の共創に対する横断型科学技術を取り上げる。サービスは顧客の存在があって初めて成り立つのであり、より良いサービスとするためには顧客とサービス提供者の共創が重要である。こうした共創を支援するフレームワークはどのようなものがあるのか？　お互いに満足のいくサービス契約はどのようなプロセスが必要なのか？　人と情報システム、顧客とサービス提供者のサービス価値の共創はどのようにして行われるのか？　などに関して議論するのが、第3部の目的である。こうした目的に対して、第3部を以下の3つの章で構成する。

　第6章は、顧客とサービス提供者によるサービス価値共創のフレームワークであるサービス劇場モデルについて、サービス劇場モデルの研究を進めている白肌と園城が担当する。サービス劇場モデルは、劇場における役者と観客による価値創造のアナロジーをサービス価値創造に適用したフレームワークである。役者をサービス提供者、観客を顧客とみなし、サービス提供プロセスを劇場における幕の進行に対応づけることで、抽象的なサービス価値創造という行為を、具体的な劇場を考えることで捉えやすくする狙いがある。

　第7章は、顧客との共創の具体事例として、省エネ・CO_2排出量削減を狙った生産装備サービスを取り上げる。これを、インバータを利用した省エネサービスビジネスモデルを考案し、ビジネス展開を推進した藪谷が担当する。ここでは、顧客とサービス提供者のリスクシェアをどのように取り決めるかが重要であり、そのために顧客とサービス提供者が共創を行っている。また、サービスを構成する上で、ハードウエアとしてのインバータほか様々な知識の統合が必要である。このような多分野の知の統合を、知識空間概念を用いて説明することの有効性も示す。

　第8章は、情報システムの生み出す価値が、人・組織と情報システムとの共創によって得られるとする考え方を紹介する。これを、情報システムビジネスやアウトソーシングなどの情報サービスビジネスに携わってきた赤津が担当する。情報システム分野では、人と情報システムの共

創、顧客とITベンダの共創、など様々な共創がある。事例として取り上げた、アウトソーシングサービスにおけるSLA（Service Level Agreement）も、こうした顧客とITベンダの共創によって作られるものである。

第6章 ● 共創のフレームワーク
──サービス劇場モデル

白肌邦生・園城倫子

（北陸先端科学技術大学院大学）

スを顧客に提供するためには、顧客をサービスプロセ
とが重要であることは言うまでもない。これは「なぜ
生に質問・コメントを求めるのか？」というシンプル
える。そもそも授業というサービスは、決められた時
一定の目標（学生らにある事柄について理解させる、
させるなど）を持って、教材や自分自身の経験などを
活動の1つである。よって、授業の進行は、たとえ一
ようが決められた時間の中で次々と話が展開されてゆ
内容についての習熟度については、教員は学生の表情
きても、実際にどの部分がわからないのか、相手から
無い限り、当初教員が設定した目標が達成されている
ことは難しい。即ち、教員は一定の時間内に知識を一
にある程度の理解をさせることはできるかもしれない
持つ疑問や理解不足を解消して高い教育サービスを提
ては、学生から何らかの問いかけが無い限り実現不可
って、教員は、授業中に学生に質問・コメントの有無
生も自らの疑問を率直に投げかける行為が必要となる
サービスの価値を高める上で、サービス提供側とサー
に何らかの相互作用が不可欠であることを意味してい

る。

　その一方、質問やコメントがないのにもかかわらず執拗にそれを要求することは学生当人の有能感を損ね、内発的な学習意欲を減退させることにもつながる。また、例えば授業の過程で、寝ている学生を起こすことで生じる授業時間のロスや、無気力の学生を教員が指導することによる教室の雰囲気の悪化、に学生が不快感を覚えることもある。これは教員の授業中のインタラクション設計に問題があることを示唆する。

　このように、顧客にとって価値あるサービスを提供するためには、インタラクションが不可欠であるが、同時に、どういう顧客をどの程度サービスプロセスに参加させるかを検討することも重要である。このためには、サービス体験を生み出しているすべての要素とその関係性を俯瞰できるような体系的アプローチが必要となる。本章ではその体系的アプローチの1つとして、サービスの劇場アプローチの有効性について述べ、適用例を通じて新しい価値共創の視点について論じる。

2．サービスの劇場モデルアプローチ

　組織的なサービス提供プロセスを記述するためのモデルアプローチは様々あり、具体的には、サービス・フローチャート、サービス・スクリプト及びサービス・ブループリントなどがある。その中でも強力なアプローチの1つはFiskらの劇場モデル[1]である。これは、サービス提供者である役者が、観客である顧客の反応を見ながら観客が喜ぶように役を全うし、観客もまた役者の演技に影響を受けるという関係性をサービス提供のプロセスにあてはめた分析アプローチであり、特に、以下の3つの観点から、サービスとの親和性が高いといえる。

2.1 サービス提供要素の観点

　第1は、「サービス提供」に関わる要素および要素間の関係性を「劇場」の要素を用いて記述できる点にある。組織的なサービス提供の場合、通常は顧客と直接やり取りするフロント組織をバック組織が効果的に支える分業体制が確立されている。一方、劇場も、多くは演劇作品・役者と観客・シナリオライター・舞台装置・表舞台・舞台裏、といった要素からなり、観客の目に直接触れる役者を舞台裏の係が、決して劇を途中で途切れさせないようにすることも含め、裏で効果的に役者を支えるという関係性を持つ。さらに舞台装置や小道具や雰囲気をつくる様々な要素は登場人物を特徴づけ、顧客のサービス経験への期待やサービス品質を高める役割を果たす。

2.2 相互作用の観点

　第2は、サービス提供側と受容側双方の、満足形成を動機とするサービスプロセス中の相互作用が、舞台における役者と観客の相互作用で記述できる点である。サービスビジネスを成功させるためには、その提供者が仕事に満足していることが重要であることがいわれている[2]。これには、サービスを提供する上での報酬を含めた、組織での働きやすさも関係しているが、より注目すべきは、顧客を満足させることができたという実感がサービス提供者の仕事の満足に大きく影響しているということである。

　この顧客を満足させることを通じて自らも満足を得るという至極当たり前の関係性は、劇場での営みにおいても見ることができる。役者が何に対して満足するか、その理由は無論様々あるが、多くは役を演ずる最中のリアルタイムの観客の反応や終演時の拍手を含め、自分のパフォーマンスや劇全体を通して観客が何らかの感情を持って劇に満足し、その経験を温めて興奮冷めやらぬ体で家路に着くことであろう。即ち、観客

を満足させることで自分も満足を得るという関係性が存在するのである。

　こうした満足形成欲求が基になった相互作用について、そもそもサービスは生産と消費が同時に行われる特徴を持ち、それゆえ提供者は受容側が何を求めているのかをその都度的確に把握し、顧客が満足するように提供するサービスの質を高めていかなければならない。劇場で行われる劇も同様であり、通常、役者は自らの役回りがあるものの、観客の反応に応じて自らのテンションを変化させ、時には役者がシナリオをその場で書き換えて演技を行い、それにより観客が大いに沸き、結果として役者が自分のパフォーマンスに満足するということが日常的に行われている。

2.3　プロセスの観点

　第3は、サービス提供プロセス上で行われていることを、劇の「演目」およびそれを構成する「幕」として記述できる点である。

　サービス事業には様々な種類があるが、多くの場合、「何を売りにしたサービスなのか」、「何ができるのか」が明確にある。そして、サービス提供プロセスに驚きや感動などの顧客の心を動かすポイントが複数含まれており、それらが重なり合って最終的な顧客の満足を作り出している。「劇」も同様に、通常は演目を介して「これはどういうストーリーなのか」等の劇としての「売り」が設定されている。その中で複数の「幕」が存在し、1つの幕ごとに観客の心を動かす仕掛けが施され、複数の幕を通して観客の満足を引き出すようになっている。

　サービス劇場モデルは、いわば上記3つの要素で形成されるサービスシステムといえる。つまり役者（サービス従業者）と観客（顧客）が、複数の幕が設定された演目（サービスプロセス）の中で、思い思いに心を動かし観劇の価値（サービス価値）を意識的・無意識的に高めあうと

いうモデルであり、サービス提供プロセスを記述する優れたアプローチである。

3．劇場モデルを用いたサービス提供プロセスの理解

劇場モデルを用いたサービスプロセスの分析例[3]として、大学院での教育活動を通じて得られた例を3つ示そう。

3.1 介護サービス

第1は、一般的介護サービスである。このサービスに関わる構成要素は介護士を中心にした施設スタッフ、被介護者、被介護者の家族、施設運営者などである。通常は施設の運営者が、介護士に働きやすい条件や業務計画を立てるなどのサポートを行い、介護士は直接被介護者やその家族を物理的・精神的に支援するというフロント、バックの組織的関係を持つ。このサービスプロセスは、1幕目が「サービスの紹介およびマッチング」、2幕目が「生活の開始」、3幕目が「介護を終えて」と整理することができる。

第1幕：サービスの紹介およびマッチング

見学に来た被介護者およびその家族に対して納得のいく介護プランを提示するために、フロントスタッフとバック組織の連携が行われる。

第2幕：生活の開始

実際に介護が行われ、その過程では、例えば被介護者からの折々の感謝の言葉が介護士の更なるサービス提供意欲向上につながり、被介護者もそれによって更に満足するというサービス価値の共創が往々にして行われる。またそれだけでなく、被介護者の安全を守るために介護士の見回り計画をバック組織が立案するなどのフロント

図6.1 介護サービスのプロセス

フロントステージ / **バックステージ**

第1幕 サービスの紹介およびマッチング

- 紹介センターのスタッフに相談する ← 相談スタッフの配置
- パンフレットを見て比較検討する ← 相談者に合った資料を作成、提供 ← 相談した内容の整理
- 現地見学、施設見学および体験入の申し込みをする ← 受付スタッフの配置 / 体験入居の企画
- 体験入居 ← 体験入居の準備
- 介護プランの相談、決定 ← 資産、介護レベルに応じたプランの企画、提示
- 入居の意思決定、確認 ← 最終的な確認、本格的な入居準備の開始 ← 予約登録システム

第2幕 生活の開始

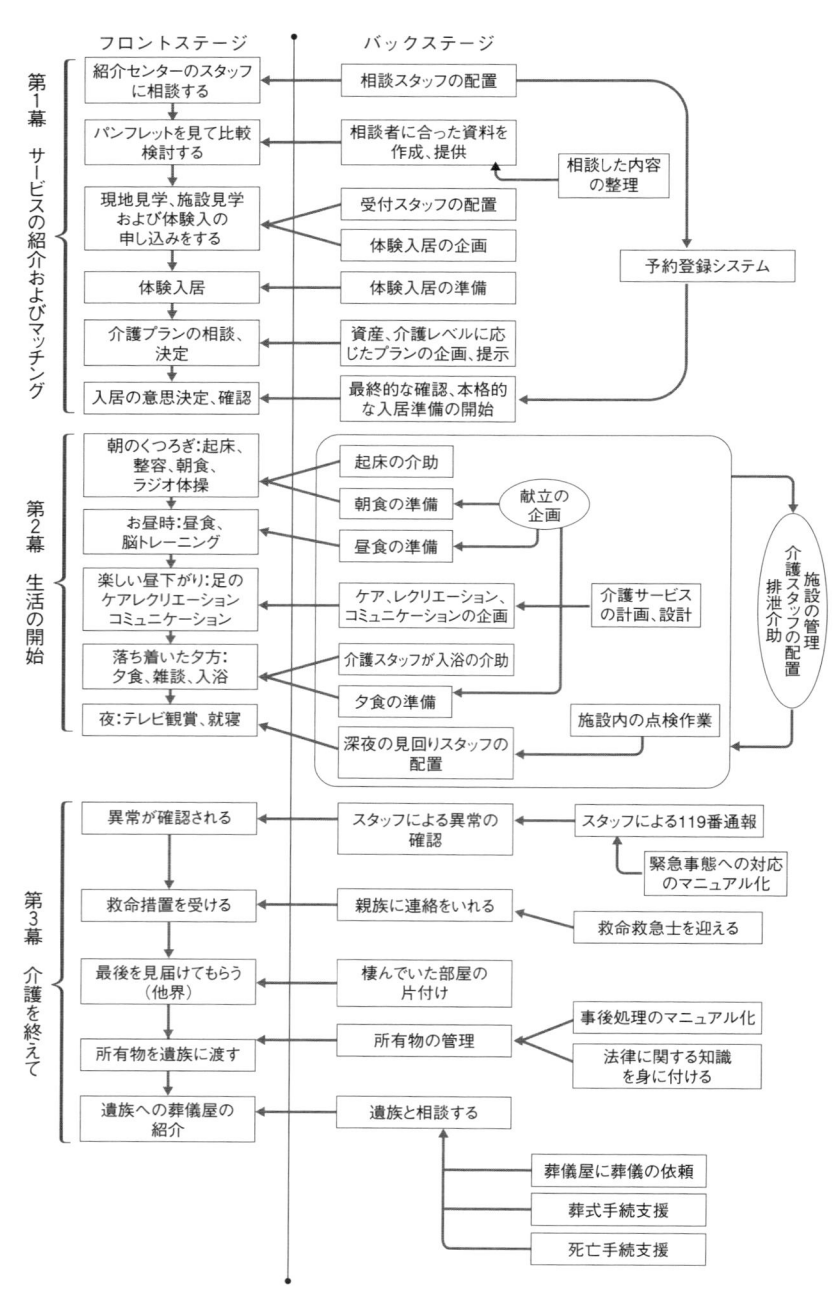

- 朝のくつろぎ:起床、整容、朝食、ラジオ体操 ← 起床の介助 / 朝食の準備 ← 献立の企画
- お昼時:昼食、脳トレーニング ← 昼食の準備
- 楽しい昼下がり:足のケアレクリエーションコミュニケーション ← ケア、レクリエーション、コミュニケーションの企画 ← 介護サービスの計画、設計
- 落ち着いた夕方:夕食、雑談、入浴 ← 介護スタッフが入浴の介助 / 夕食の準備
- 夜:テレビ観賞、就寝 ← 施設内の点検作業 / 深夜の見回りスタッフの配置

（施設の管理 / 介護スタッフの配置 / 排泄介助）

第3幕 介護を終えて

- 異常が確認される ← スタッフによる異常の確認 ← スタッフによる119番通報 ← 緊急事態への対応のマニュアル化
- 救命措置を受ける ← 親族に連絡をいれる ← 救命救急士を迎える
- 最後を見届けてもらう（他界）← 棲んでいた部屋の片付け
- 所有物を遺族に渡す ← 所有物の管理 ← 事後処理のマニュアル化 / 法律に関する知識を身に付ける
- 遺族への葬儀屋の紹介 ← 遺族と相談する ← 葬儀屋に葬儀の依頼 / 葬式手続支援 / 死亡手続支援

図6.1 介護サービスのプロセス

とバックの連携も日常的に行われている。

第3幕：介護を終えて

　被介護者が残念なことに他界すると、劇の幕は本幕に移行する。ここではスタッフによる献身的な救命措置などが行われ、葬儀計画などを被介護者の家族とともに決定することになる。ここでは劇の観客は被介護者だけでなくその家族も対象となる。

幕によってその共創の対象が変化するものの、基本的にはサービス提供者と、直接のサービス受容者がお互いの満足度を高めあいながら共創していくという関係性である。これらの結果、共に生きるというサービス提供・受容者間の関係性意識が構築されることで介護のサービス価値が向上し、更には、社会の安定・老後の幸せ、および安心感のある余生などのような社会的価値の創出への貢献も形成されていく。

3.2　結婚式サービス

　第2は、結婚式サービスである。このサービスに関わる構成要素は、役者がウェディング・プランナーを中心とした組織で、観客が新郎新婦である。ウェディング・プランナーは新郎新婦のリクエストを聞きながら、過去のデータを参考に結婚式というかけがえの無い経験を設計する。このサービスプロセスは、1幕目が「結婚式の設計」、2幕目が「結婚式」、3幕目が「披露宴」、4幕目が「来賓の見送り」と整理することができる。

第1幕：計画の立案

　新郎新婦はウェディング・プランナーとの初対面から結婚式の前日まで関与し、ウェディング・プランナーは結婚の形式、場所、予算のような大きな面から、ドレス、タキシード探し、招待状のような細かい面まで、新郎新婦の意向を叶えるために、様々な工夫をし、見積書を渡して代金前払い請求する。

第2幕：結婚式

フロントステージ	バックステージ	
資料を請求する ←	ホームページの作成	
↓		
見学に行く ←	施設の見学プランの準備、話す内容の準備	
↓		
仮予約をする ←	事前に空き状況を確認 ←	結婚の予約管理システム
↓		
正式に申し込む ←	申し込みに必要な書類の準備等	
↓		
衣装合わせ ←	衣装の準備 ←	衣装の管理システム
↓		
招待状印刷の申し込み ←	印刷の様式の提示	
↓		
披露宴内容の打ち合わせ ←	具体的なプラン提示の準備 ←	
↓		
テーブルプラン・進行表の作成 ←	かかる経費の詳細を把握	配膳スタッフの配置
↓		
最終見積書提示金額の入会手続き ←	おおよその時間配分やお勧めプランの提示	

第1幕 計画の立案

フロントステージ	バックステージ	
結婚式会場に到着 ←	出迎えスタッフの配置	会場担当スタッフの配置
↓		
会場担当者との打ち合わせ ←	会場の準備 ←	着付け、メイク担当スタッフの配置
↓		
着付けメイク ←	着付け、メイク室の準備	
↓		
新郎・新婦入場 ←	BGM担当スタッフによる演奏、スタッフによるドアの開閉 ←	
↓		
結婚の誓いおよび指輪の交換 ←	撮影スタッフによる写真撮影	音楽と照明管理システム
	司祭による聖書朗読	
↓		
新郎新婦退場・フラワーシャワー ←	BGM担当スタッフによる演奏、スタッフによるドアの開閉 ←	
	フラワーシャワー準備	
↓		
記念撮影 ←	記念撮影	
↓		
披露宴会場へ移動 ←	送迎担当スタッフによる送迎 ←	

第2幕 結婚式

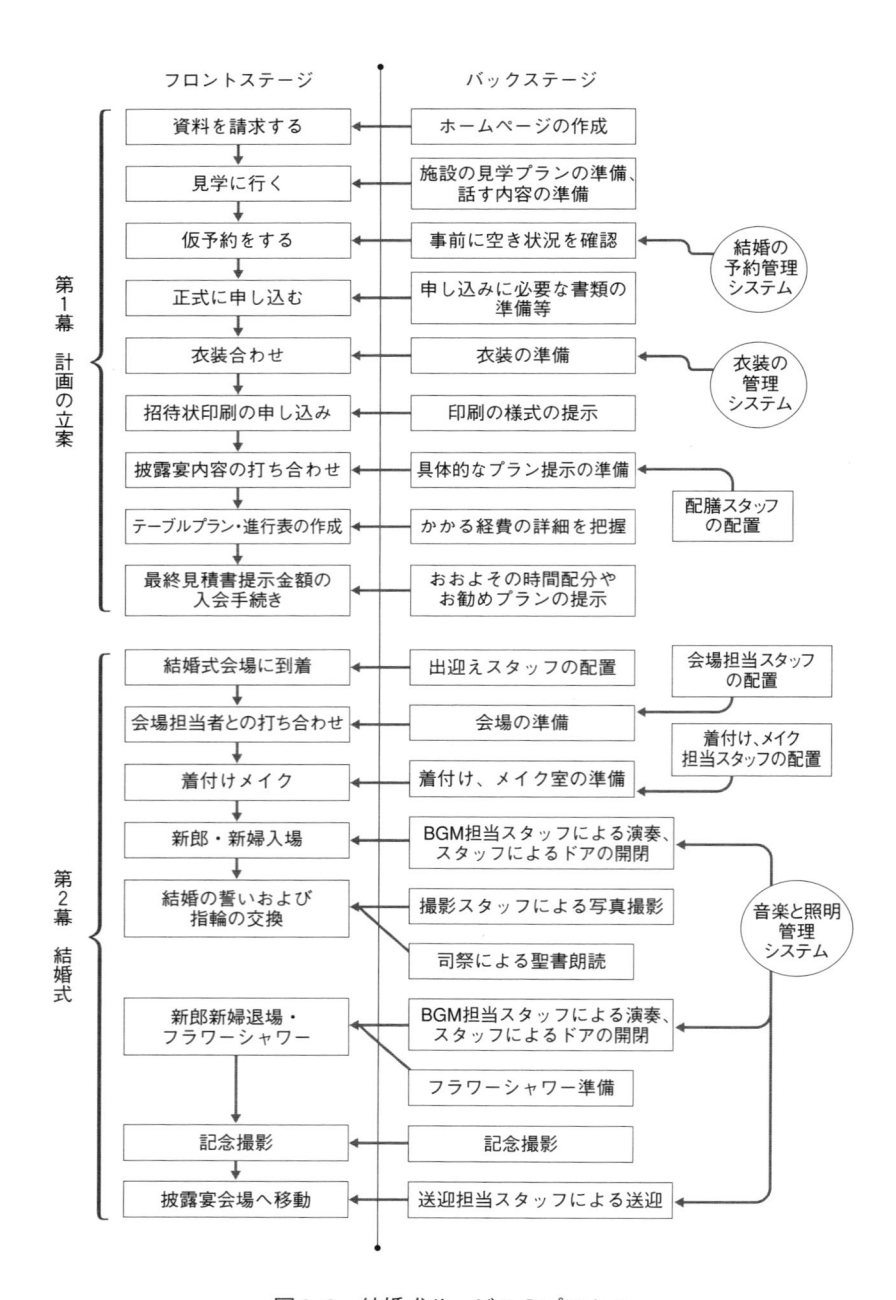

図6.2 結婚式サービスのプロセス

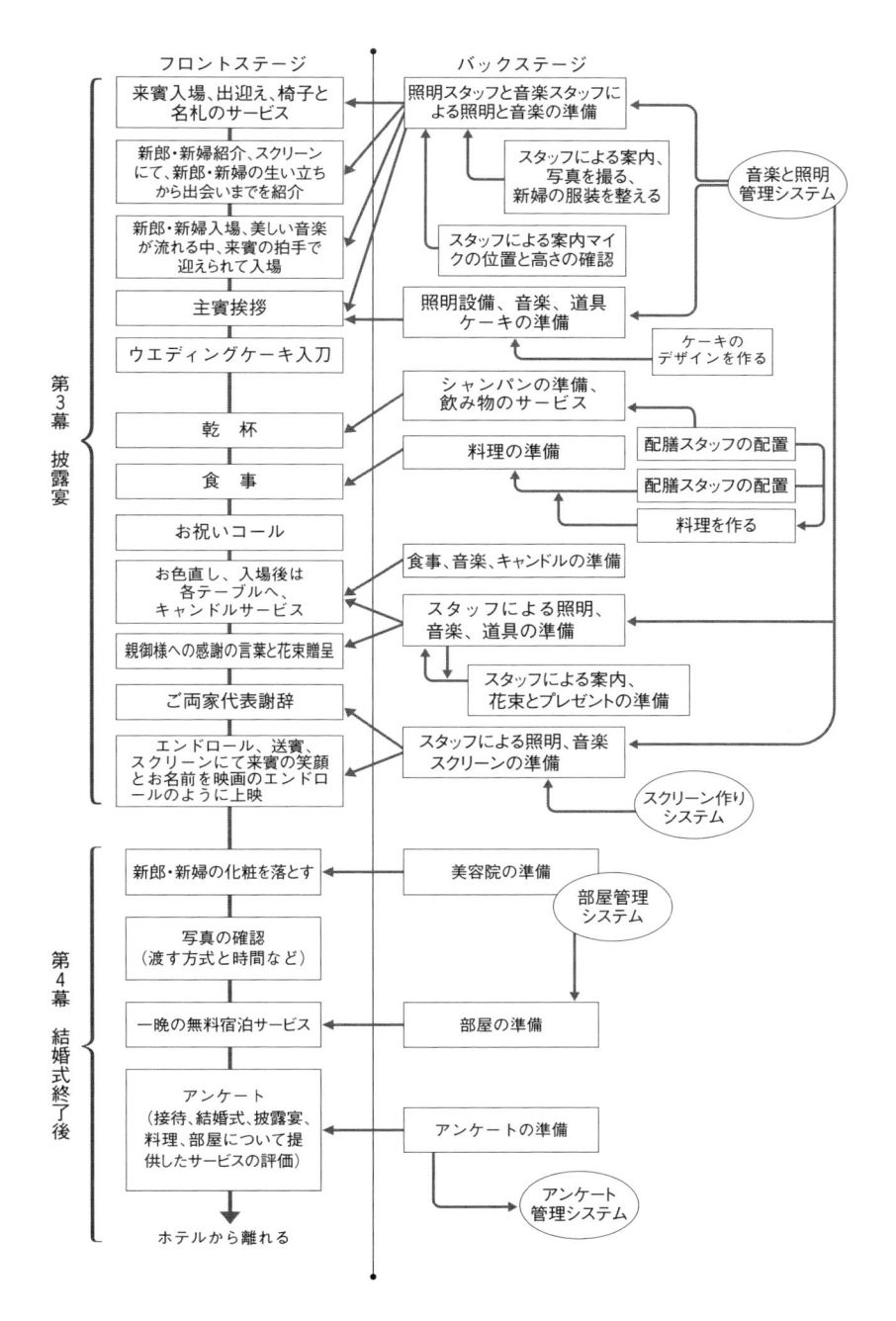

第6章 共創のフレームワーク―サービス劇場モデル

	フロントステージ	バックステージ	
第3幕 披露宴	来賓入場、出迎え、椅子と名札のサービス	照明スタッフと音楽スタッフによる照明と音楽の準備	音楽と照明管理システム
	新郎・新婦紹介、スクリーンにて、新郎・新婦の生い立ちから出会いまでを紹介	スタッフによる案内、写真を撮る、新婦の服装を整える	
	新郎・新婦入場、美しい音楽が流れる中、来賓の拍手で迎えられて入場	スタッフによる案内マイクの位置と高さの確認	
	主賓挨拶	照明設備、音楽、道具ケーキの準備	
	ウエディングケーキ入刀		ケーキのデザインを作る
	乾杯	シャンパンの準備、飲み物のサービス	
	食事	料理の準備	配膳スタッフの配置 / 配膳スタッフの配置 / 料理を作る
	お祝いコール		
	お色直し、入場後は各テーブルへ、キャンドルサービス	食事、音楽、キャンドルの準備 / スタッフによる照明、音楽、道具の準備	
	親御様への感謝の言葉と花束贈呈	スタッフによる案内、花束とプレゼントの準備	
	ご両家代表謝辞		
	エンドロール、送賓、スクリーンにて来賓の笑顔とお名前を映画のエンドロールのように上映	スタッフによる照明、音楽スクリーンの準備	スクリーン作りシステム
第4幕 結婚式終了後	新郎・新婦の化粧を落とす	美容院の準備	部屋管理システム
	写真の確認（渡す方式と時間など）		
	一晩の無料宿泊サービス	部屋の準備	
	アンケート（接待、結婚式、披露宴、料理、部屋について提供したサービスの評価）	アンケートの準備	アンケート管理システム
	ホテルから離れる		

本幕は結婚式の当日、会場到着から披露宴の直前までが該当する。チャペルを舞台として結婚式が開始し、新郎入場、新婦入場、結婚の誓い、指輪の交換、誓いのキス、結婚宣言、結婚証明書に署名、聖歌の斉唱が行われる。その後、新郎新婦退場を経て、披露宴の会場へ移動する。

第3幕：披露宴

本幕では披露宴が行われる。宴会を中心にして、新郎新婦と来賓の挨拶、ウェディングケーキの入刀などいくつかの重要なシーンによって幕が進行していく。途中、新郎新婦が、あたかも役者となって、観客としての来賓をもてなすのが本幕の特徴であろう。

第4幕：結婚式終了後

来賓を見送り、アフターサービスとして新郎新婦はホテルの宿泊サービスを利用する。

以上、本劇では、新郎新婦の要望にプランナーが応えていくことで互いに満足し合い、より良い結婚式をつくるというサービス価値の共創が行われている。そして、結婚式招待客を楽しませるビジョンの下に新郎新婦があたかもサービス提供者としてサービスを作り、観客としての来賓に提供するという関係が見出せることが前例と異なる点である。こうした各幕で行われる価値共創が積み重なることによって、顧客にとって良い結婚式やかけがえのない経験が形成されることになる。

3.3 学習塾サービス

第3は、学習塾の教育サービスである。このサービスに関わる構成要素は、役者が塾の講師および事務局員で、観客が学生および保護者である。学習塾では保護者との話し合いや学生個人の習熟状況を鑑みて適切なクラス分けを行ったうえで授業サービスを提供し、時々の学生の弱点を夏季や冬季の特別講習で補いながら、特定の目標達成に向けて学生の習熟度を高めることが行われる。このサービスプロセスは、1幕目が

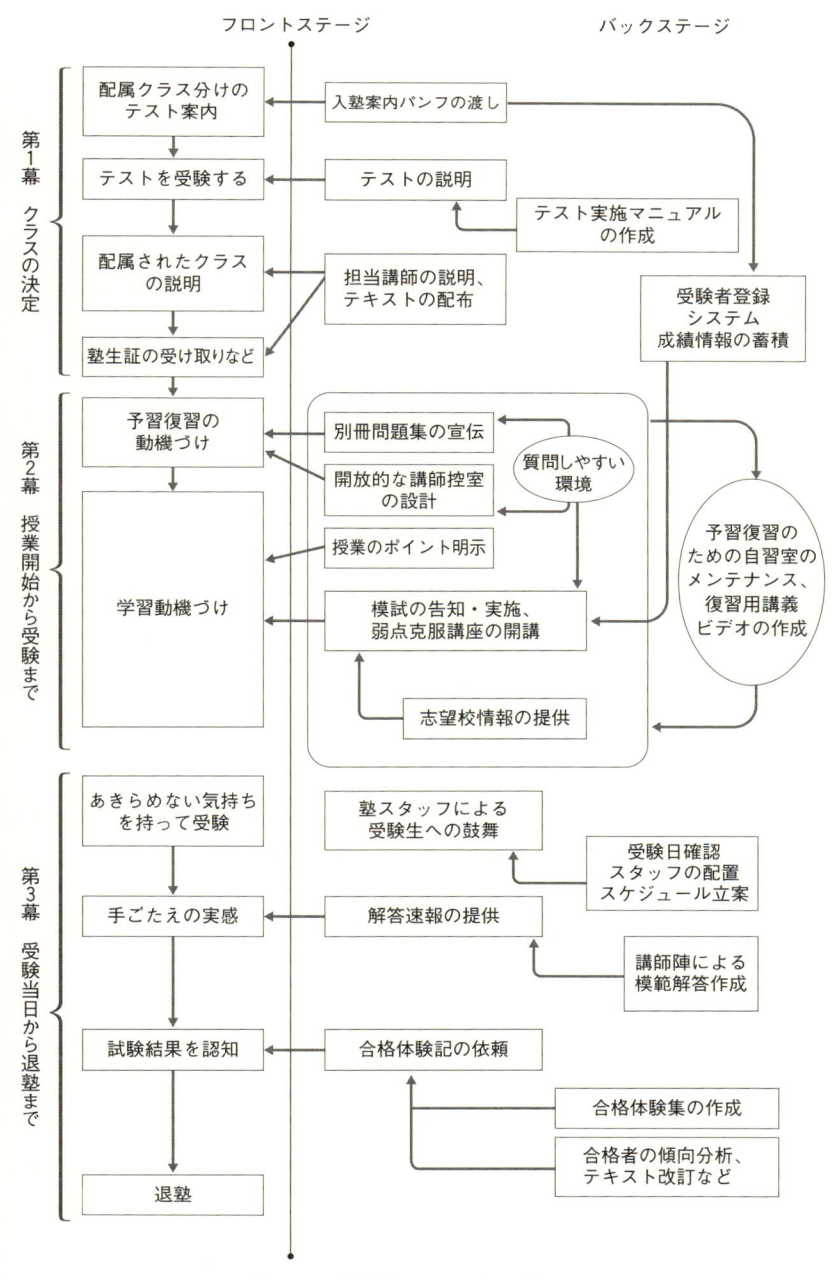

第6章　共創のフレームワーク―サービス劇場モデル

　　　　　　　　　フロントステージ　　　　　　バックステージ

第1幕　クラスの決定
- 配属クラス分けのテスト案内 ← 入塾案内パンフの渡し
- テストを受験する ← テストの説明 ← テスト実施マニュアルの作成
- 配属されたクラスの説明 ← 担当講師の説明、テキストの配布
- 塾生証の受け取りなど

受験者登録システム　成績情報の蓄積

第2幕　授業開始から受験まで
- 予習復習の動機づけ ← 別冊問題集の宣伝
- 　　　　　　　　　　← 開放的な講師控室の設計
- 　　　　　　　　　　　質問しやすい環境
- 学習動機づけ ← 授業のポイント明示
- 　　　　　　 ← 模試の告知・実施、弱点克服講座の開講
- 　　　　　　 ← 志望校情報の提供

予習復習のための自習室のメンテナンス、復習用講義ビデオの作成

第3幕　受験当日から退塾まで
- あきらめない気持ちを持って受験 ← 塾スタッフによる受験生への鼓舞
- 受験日確認スタッフの配置スケジュール立案
- 手ごたえの実感 ← 解答速報の提供 ← 講師陣による模範解答作成
- 試験結果を認知 ← 合格体験記の依頼
- 　　　　　　　　　合格体験集の作成
- 　　　　　　　　　合格者の傾向分析、テキスト改訂など
- 退塾

図6.3　学習塾のサービスプロセス

「習熟度に応じたクラス分け」、2幕目が「授業開始から試験まで」、3幕目が「試験当日から退塾まで」と整理することができる。

第1幕　習熟度に応じたクラス分け

　個人の習熟度に応じたカリキュラムを提供するために、多くの学習塾ではクラス分けに関するテストを行う。ここでは主に塾の事務員が試験の要領説明、試験結果の照合および各クラスの教育上の特徴説明などについて、適宜、学生やその保護者に行う。その後、学生は塾の任意のクラスの授業を受ける権利を証明する塾生証を受け取る。

第2幕　授業開始から試験まで

　それぞれのクラスで授業が行われる。講師は学生の学習意欲を高めるべく質問やコメントを求めるだけでなく、希望ある将来イメージ等も適宜提供する。なお、授業の質を上げるべく、複数の校舎をもつ大手塾のなかには、定期的に各校の講師を集めて学習指導に関する会議を行うところもある。このほかにも、塾生でなくとも参加できる統一模擬試験を実施することで、全国学生との比較や個々の弱点を把握できるような仕組みを学生に提供する。

　個々の弱点を集中的に補うべく、学習塾では、レギュラーの授業の他に夏季や冬季の学校休業に合わせて集中講義を行う。そこでは各講義はオプショナルであり、追加した分だけ課金される仕組みをとる場合が多い。仮に保護者から講座に関して問い合わせがあった場合、主に事務員が対応し、時に保護者との会話のやり取りの中で、学生が取るべき講座を提案したりする。

第3幕　試験当日から退塾まで

　小中高生を対象にした学習塾では、試験当日、講師が学生の志望校の校門に立ち、受験生を鼓舞し学生が最善を尽くせるようサポートする。その後、一連の試験が終わり、一定の時期が来ると塾との契約が切れ、学生は講座に参加する資格がなくなる。ただ、塾の校舎自体には入ることができるので、例えば卒業生が当時指導を受け

ていた講師に会いに来て、学生生活に関する近況を報告しにくることもある。往々にして講師はそうした卒業生との会話から、日々の授業にて「努力したらこういう生活が待っている」などのビジョンを、次の代の塾生に伝えているのである。

このようにして学生は精神管理も含め、塾から様々な教育サービスを受け、時々の成績を向上させていくことで満足し、講師は生徒とのやりとりから自らの教育指導の質を高め、塾全体が提供できるサービスを充実させていくという、教育サービス価値の共創関係が形成される。

4. サービスにおける価値共創の再考

4.1 サービスの対価を何とするか

これまで、劇場アプローチを用いて3つのサービス提供プロセスを説明してきた。ここで、まえがきで記述したようにサービスを「プロの技術を使って、顧客を満足させて、それによって対価を得る一連の活動」と考えるならば、3つの事例は観客がお金という対価を払って喜んで劇を見に来ていることが前提にあるといえる。つまり、第1の例は、生活に援助が必要な者がお金を払って介護サービスを買い、第2の例は、かけがえの無い結婚式を行いたい者がお金を払って婚礼サービスを買い、第3の例は、より習熟度を高めたい者がお金を払って学習塾の教育サービスを買うというように、顧客が支払うサービスの対価は主に金銭的対価であることが指摘できる。これまでの例以外でも、旅館やレストランなどの既存のサービス業は、主にサービスにおける対価を金銭とすることでビジネスを成立させてきた。

しかしいうまでも無く、顧客が提供できる、あるいは提供すべきサービスの対価は金銭的対価だけではない。Chenら[4]は組織のパフォーマンスを向上させる報酬の役割に関する研究の中で、大きく「外発的と内

発的」、「金銭的と非金銭的」の組み合わせで人間を動機付ける報酬を整理している。ここでいう外発的報酬とは、典型的に組織がよい仕事をしたときに与える動機（例えばボーナス・記念品）を指し、内発的報酬とは、仕事をうまくこなしたときの個人的経験（例えば達成感）を指す。また、金銭的・非金銭的報酬の区分けは文字通りであり、前者が給与、ボーナス、ストックオプションなどの十分な現金価値を持つもので、後者は、賞や良い仕事をしたと認められるといったような社会的感情として象徴的な報酬である。そしてこの内発的非金銭的報酬が、組織パフォーマンスを引き出すうえで意外に大きい影響があることについて言及している。

したがって潜在的には、金銭に限らず非金銭的対価でもサービス提供者の心を動かし満足させ、サービス価値共創の動機付けを行うことができるはずである。そしてこのように考えると、これまでモデリングしにくかった価値共創の営みを劇場アプローチで説明することが可能になる。

4.2 生物の行動を対価とする価値共創

人間が行うサービスの対価を昆虫の生命活動そのものとして考え、劇場アプローチを適用すると、養蜂業の営みは興味深い示唆を我々に提供する。養蜂業は役者である養蜂家が、観客である蜂をつくり出すサービス劇と考えることができ、そのサービスプロセスは図6.4に示すように、「環境への適応」、「蜜の採取」、「蜂蜜の生成」という3幕で整理することができる。

第1幕：環境への適応

蜂は住みよい環境を探し、養蜂場に移動し定住する。そのために、養蜂家は蜂の収集（購入、捕獲—専門家に依頼or機材の準備）、運送サービス（運送の手配—経路の探索orトラックの確保or運転手の確保）、環境の提供（場所探し—植林or開墾）を行う。

第6章 共創のフレームワーク—サービス劇場モデル

第1幕 環境への適応
- フロントステージ: 住みよい環境を探す → 移動 → 定住
- バックステージ:
  - ハチの収集（購入／捕獲 → 専門家に依頼、機材の準備）
  - 運送サービス（運送の手配 → 経路の探索、トラックの確保、運転手の確保）
  - 環境の提供（場所探し → 植林、開墾）

第2幕 巣箱へ移住・蜜の採取
- フロントステージ: 巣を作ろうとする → 巣箱に移住する → 花から蜜を採取する → 山で蜜を採取する
- バックステージ:
  - 巣箱を提供する（材料の採取、巣箱作りの技術）
  - 巣箱の管理（温度調整、巣箱の衛生、害虫からの保護、遮光網の設置、熱殺菌、防護網の設置）
  - 蜜の採取場の提供
    - 花の管理（草むしり、肥料散布、水やり）
    - 山の管理（余分な木の伐採、害虫の駆除、病気の予防）

第3幕 蜂蜜の生成・冬眠
- フロントステージ: 巣箱に蜜を蓄える → スズメバチから身を守る → 冬眠の準備 → 冬眠
- バックステージ:
  - 蜜の採取（採取量の調整、機材の準備、蜂への感謝の心）
  - 巣の保護（スズメバチの駆逐 → 巣の駆除、駆蜂器の設置）
  - 冬眠の環境整備／巣箱の管理（日照の確保、防風施設の設置、栄養の補給）
  - 来春の準備／巣箱のメンテナンス（巣箱の修理、巣箱の掃除）

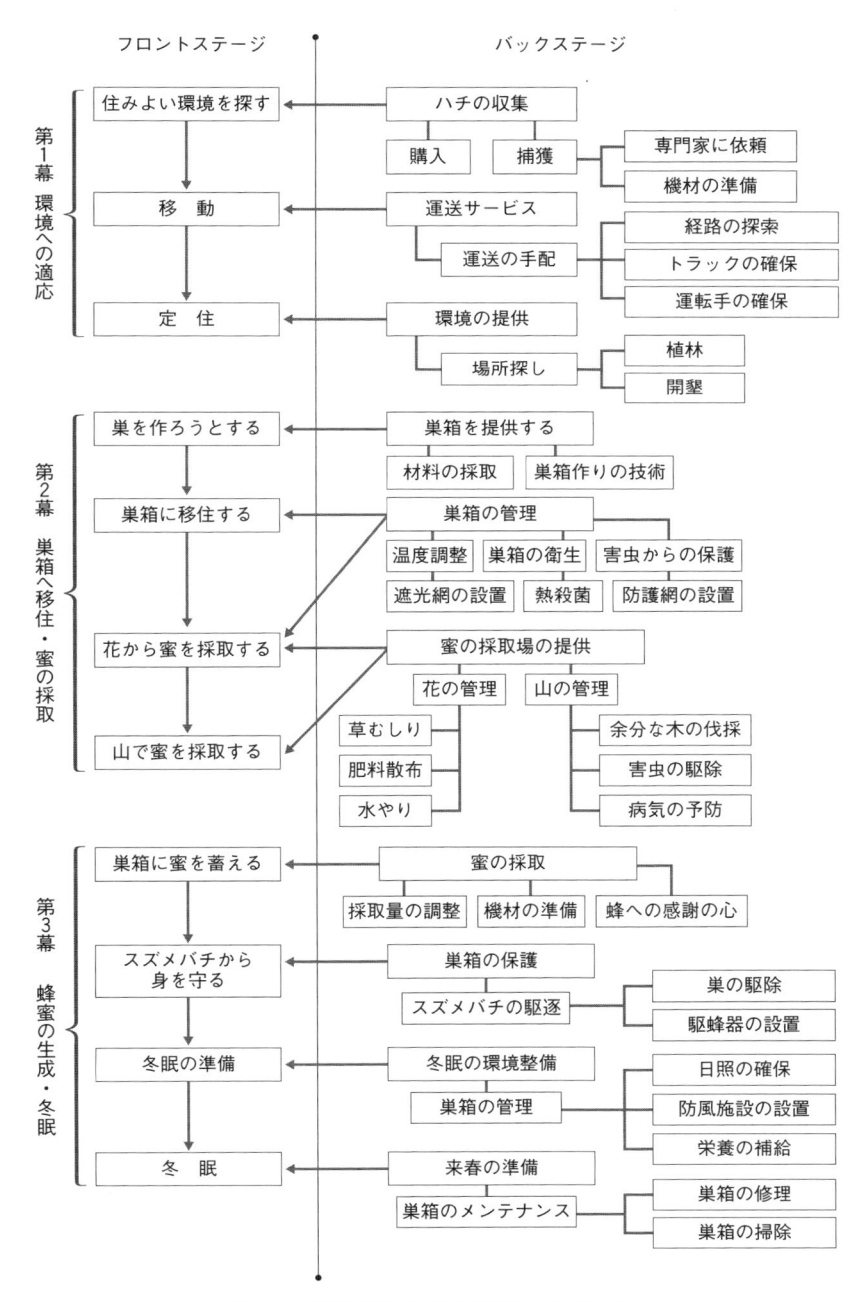

図6.4 養蜂業における価値共創プロセス

第2幕：巣箱へ移住・蜜の採取

　蜂が巣を作ろうとし、養蜂家が設置した巣箱に移住する。そして花から蜜を採取する。その過程で養蜂家は蜂に巣箱を提供し（材料の採取、巣箱作りの技術）その巣箱を管理（温度調節―遮光網の設置、巣箱の衛生―熱殺菌、害虫からの保護―防護網の設置）し、蜂が蜜を容易に取ることができるように蜜の採取場を提供（花の管理―草むしり、肥料散布、水やり／山の管理―余分な木の伐採、害虫の駆除、病気の予防）する。

第3幕：蜂蜜の生成・冬眠

　蜂は巣箱に蜜を蓄え、時にスズメバチから身を守りながら冬を迎え冬眠の準備をする。その間、養蜂家は蜜の採取（採取量の調整、機材の準備、蜂への感謝の心）を行い、更に、巣箱の保護（スズメバチの駆逐―巣の駆除、駆蜂器の設置）をすることで、蜂が冬眠しやすいように環境整備（巣箱の管理―日照の確保、防風施設の設置、栄養の補給）をする。その後、来春の準備（巣箱のメンテナンス―巣箱の修理、巣箱の掃除）を行う。

この例は、きわめて自由な発想による劇場アプローチの適用であるが、蜂蜜という具体的な価値ある財を、養蜂家が人間ではない自然界の昆虫の行動を活用し、蜂の満足を損ねることなく共に作り上げる関係性を築いている点が特徴的である。その根拠として、仮に人間が蜜を取りすぎて蜂を過労状態にすると蜂は失踪する可能性があることが指摘されている。従って養蜂家は程よい採取量で蜂が当該フィールドに継続的に滞在させるべく、蜂の満足度に配慮しなければならない。この例は、サービスの対価を今までと異なる視点で見ることで、自然界との価値共創関係が捉えられることを示唆している。

4.3　知的好奇心および社会的認知の醸成を対価とする価値共創

　知的好奇心や社会的認知の醸成がサービス提供の対価になって行われ

る価値共創も存在し、その例として産学連携による研究開発が挙げられる。近年、大学にとって研究成果を企業に移転し活用することは、本来の使命である教育、研究に続く第3の使命とされており、更なる活動促進が期待されている。この活動は、研究開発リスクを最小限にしたい企業に対するいわば企業に対する大学の研究開発支援というサービス活動であるものの、具体的にその価値共創活動のプロセスはあまり論じられてこなかった。本節では、産学連携活動をサービス劇場アプローチで分析することで、より高度な産学連携を射程に入れた産と学の価値共創関係について論じる。サービスの構成要素は、「役者」がプロの技術・知識を提供する大学研究者、技術者、研究支援業務従事者とし、「観客」を企業および企業内研究者とする。劇は大学研究者と企業内研究者が同じ課題解決に取り組みながら、必要な技術と知識を習得し、専門性の幅を広げる経験そのものであり、その幕構成は第1幕目が「研究開発ニーズとシーズの一致」、第2幕目が「研究開発活動基盤の形成」、第3幕目が「研究開発の実施」、第4幕目が「研究開発成果の事業化」である。

第1幕　研究開発ニーズとシーズの一致

　企業は共同研究者を探すための情報収集ツールとして近隣の大学のウェブサイトを利用し、大学が公開している研究成果や技術情報を見て、大学の産学連携係、もしくは技術移転機関の相談窓口に問い合わせる。産学連携に慣れていない企業は大学を敷居が高いものとして敬遠しがちなので、大学当局は共同研究を始めるまでのプロセスやメリット・デメリットを明記し、企業から大学窓口にアプローチしやすいようにウェブサイトを構築する必要がある。窓口では大学のスタッフが、企業の相談を受け相談内容に適した大学研究者を企業に紹介する、いわゆる「お見合い」の場を設定する役割を担う。その後大学研究者は企業に提供できる技術（シーズ）を提示し、企業が何らかの対価を払ってでもそれを利用したいと考えるように動機付ける。これにより企業のニーズと大学のシーズが一致すると、劇は第2幕へと進む。

		フロントステージ	バックステージ	

第1幕 研究開発ニーズとシーズの一致

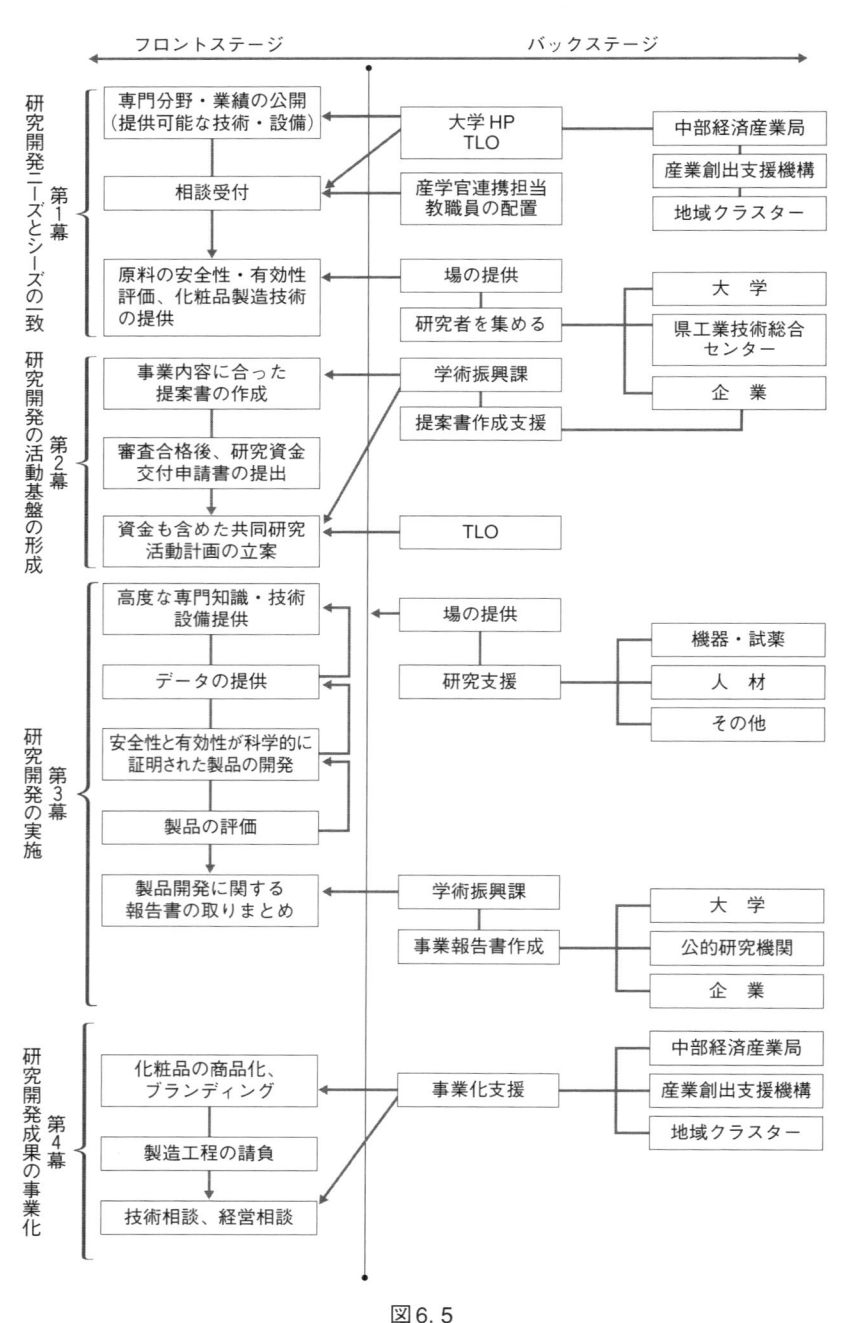

- 専門分野・業績の公開（提供可能な技術・設備） ← 大学HP TLO ← 中部経済産業局／産業創出支援機構／地域クラスター
- 相談受付 ← 産学官連携担当教職員の配置
- 原料の安全性・有効性評価、化粧品製造技術の提供 ← 場の提供／研究者を集める ← 大学／県工業技術総合センター／企業

第2幕 研究開発の活動基盤の形成

- 事業内容に合った提案書の作成 ← 学術振興課
- 審査合格後、研究資金交付申請書の提出 ← 提案書作成支援
- 資金も含めた共同研究活動計画の立案 ← TLO

第3幕 研究開発の実施

- 高度な専門知識・技術設備提供 ← 場の提供 ← 機器・試薬／人材／その他
- データの提供 ← 研究支援
- 安全性と有効性が科学的に証明された製品の開発
- 製品の評価
- 製品開発に関する報告書の取りまとめ ← 学術振興課／事業報告書作成 ← 大学／公的研究機関／企業

第4幕 研究開発成果の事業化

- 化粧品の商品化、ブランディング ← 事業化支援 ← 中部経済産業局／産業創出支援機構／地域クラスター
- 製造工程の請負
- 技術相談、経営相談

図6.5

第2幕　研究開発活動基盤の形成

　第2幕では、企業が希望する研究内容や費用に合わせて、大学当局が産学連携の形態を設計する。特にライフサイエンスのような、研究開発やその後の事業化の不確実性が高い分野における産学連携では、企業は研究開発に必要であっても多額の研究費を負担することに消極的になる。そこで大学は、企業が国や財団の助成金制度を利用できるように、企業のニーズに適した制度を紹介し、審査に合格するための提案書の作成を支援する。この過程で大学は企業と良好な信頼関係を築くべく、両者の研究分担、予算の配分・執行プロセス、そして知的財産権の帰属先などを明確にし、多くの議論を通じて合意を形成する。このような取り組みを通じて研究助成を勝ち取り、大学と企業は安定的な研究開発活動の基盤を形成していくことになる。

第3幕　研究開発の実施

　第3幕では、産学連携による研究開発を実施する。企業が自前では実施が困難な研究開発に関して、大学研究者は事業化も見越してその安全性・機能性評価等を行う。たとえば第2幕で示したライフサイエンス分野の場合、医薬品や機能性食品・化粧品の原料等について大学がその安全性評価を行うことを意味する。企業の研究者は日ごろから大学の研究室や機器を利用し、大学研究者から研究手法の指導を受けるだけでなく、大学研究者が出した実験結果を段階ごとに評価し、研究を継続するかどうかを判断する。問題があれば大学研究者は研究の代替案を出し積極的に企業を支援する。このようにして企業と大学の研究者が研究成果という共通の目的に向けて共働を進め、そのプロセスで新しい技術と知識が共創されていく。生み出された成果は報告書として形式化され、劇は第4幕に進む。

第4幕　研究開発成果の事業化

　産学連携の最終幕としての第4幕は、主に製品開発後の具体的な事業化プロセスに関する内容である。そもそも研究開発で一定の成

果が出ても、その成果を活かした製品の市場投入における成功は保証されていない。特にその製品が高い安全性や品質を要求されるようなものである場合、いかに製品をブランディングするかが企業にとって課題となる。このとき、大学の担う役割は大きく、製品に大学が科学的に安全性や高品質のお墨付きを与えることはその商品価値を高めることになり、大学にとっても製品開発に関与したことによる社会的な評価を得ることにつながる。また事業化には生産や販路開拓に関する課題もあり、製造工程の一部を請け負える異業種企業や、当面の販路を保証できる商社の参加が必要となってくる。これについても利害関係について中立的な大学が基点となり、ある種のクラスターを作ることが期待され、実際に、地域振興を目的として複数の企業が大学の協力機関として産学連携に参加するようなクラスターの形成が増加している。これらの活動のダイナミズムは、企業の事業成功と大学研究者の評判を高めるといった双方の満足感が両立することで生まれるといってよい。つまり企業と大学のwin-win関係の構築が重要であり、これをうまく設計することで産産の活発な連携を含んだ、よりポテンシャルの高い産学連携の実現が期待できる。

5．おわりに──サービスイノベーションと価値共創

　本章では、高品質のサービスを提供するためには顧客との価値の共創が必要であるとの考え方に立ち、サービスプロセスを記述する強力なツールとしての劇場モデルアプローチの有効性を述べ、その発展可能性について論じた。

　ところで近年、サービス経済化の進展に伴いサービスイノベーションという概念が注目を集めている。これには大きく2つの議論の方向性がある。第1はインプットとアウトプットの関係を基盤としたサービス生

産性およびサービス品質向上等のサービス業におけるイノベーションの議論である。第2は「サービス」というコンセプトを手段としてビジネスを新たに構築するあるいは再設計することで、経済的価値を含めた新たな多様な価値を創造していく議論である。前者・後者ともに重要であるが、新しい価値創造としてのサービスイノベーションに関しては、後者に対する必要性は特に高い。例えば、コンビニは日用品を売るのではなく、生活者へのサービスをすると見ることによって、宅配取次、ATM、その他もろもろのサービスを始め、実際に高収益を得ることに成功している。

　こうしたサービスイノベーションに向けて、劇場モデルアプローチは顧客との価値共創も含め、サービス提供プロセスを記述・分析し、見えないものを見えるようにしていく強力なツールである。しかし、役者、観客、あるいはシナリオライター等の本質的な役割、つまり劇を構成する要素の本質的機能の定義や整理は未だ確立されていない。中でも幕の内容や進行に関係するシナリオライターは役者と観客の共創を促進させる重要な役割を潜在的に持つため、その理想的な役割の定義に関して更なる研究が必要である。また、コンサルティングサービスに見られるように、顧客の問題に応じてサービスの中身を変化させ、サービス提供者と顧客双方が共通に分かち合える価値を創造する場合、これまでの確立されたシナリオを提供するサービス劇の枠組みと異なり即興性を多分に持つため、そのプロセス記述のためにはまた異なるアプローチが必要となる。したがって、劇の形式にバリエーションを持たせるか、あるいは全く新しい価値共創フレームを検討し顧客との価値創造を記述・設計していかなければならないだろう。

　身近な対象としての仕事や会社組織、家庭における様々な課題に対して、「サービス」というコンセプトを入れることによって、これまでに見えていなかった新たな価値創造を顕在化させていく必要性は今後ますます高まることが予想される。本章で論じてきた劇場モデルアプローチが広く使われるためには前述のようないろいろな課題を解決する必要が

あるが、このアプローチは同時に新たなサービスを考案できる可能性を大きくするツールであり、応用すべき対象を見つけそこで何を対価に設定するかを検討することによって、より斬新な共創関係を見出し、新たなサービスイノベーションを引き起こすことが期待されるのである。

参考文献

(1) Fisk, P.R., Grove, S.J., and John, J., *Interactive Service Marketing 2nd Edition*, Houghton Mifflin Company, 2004（フィスク、グローブ、ジョン、小川孔輔・戸谷圭子監訳、『サービス・マーケティング入門』、法政大学出版局, 2005）.

(2) Heskett, J.L., Sasser, W.E., and Schlesinger, L.A., *The Value Profit Chain: Treat Employees Like Customers and Customers Like Employees*, Free Press, 2002（ヘスケット、サッサー、シュレシンジャー、山本昭二・小野譲司訳、『バリュー・プロフィット・チェーン』、日本経済新聞社, 2004）.

(3) 白肌邦生・小坂満隆、「サービスイノベーションに向けた価値共創プロセスに関する考察」、研究・技術計画学会第24回年次大会, pp.501-504, 2009

(4) Chen,C., Ford,C., and Farris,G., "Do Rewards Benefit the Organization ? The Effects of Reward Types and the Perceptions of Diverse R&D Professionals," *IEEE Transactions on Engineering Management*, Vol. 46, No. 1, pp.47-55, 1999.

第7章 ● 顧客との共創による省エネ・CO_2排出量削減を狙った生産装備サービス

藪谷　隆

（トモソウ・ジャパン）

1. はじめに

　顧客が生産設備を装備するという経営意志を決定するにあたって、従来の投資、リース、レンタルに次ぐ新たな手段として、サービス提供者に「リスクを共有させる」というオプションを実現する「生産装備サービス」を紹介する（図7.1)[1,2,3]。このサービスを具体化させるには、生産装備を提供してサービスを行うサービス提供者と装備を活用して事業を行う顧客との共創が不可欠である。本章は、サービスを実現する上で、顧客とサービス提供者がどのような共創を行うのかを中心に述べる。

　生産装備サービスとは、製造業者がプロダクトしたものを「売らないで」サービスとして契約するものである。ここでは、「HDRIVE（エイチドライブ）」と名づけた「省エネサービス」（以下省エネルギーを省エネと省略する）事業を、生産装備サービスの実例として取り上げ、省エネ量（kWh）がユーザの操業により刻々と変化するリスク環境のなかで、顧客とサービス提供者がどのようにリスクを共有し、サービスを共創しているのかを示す。特に、顧客およびサービス提供者がリスクを共有するためのオプション手段を、サービスの中に組み入れることで、双方がリスクシェアに関して合意できることを示す。具体的には、顧客の単純な「解約返却オプション」に加えてサービス提供者の「解約買取オプション」を可能にすることによって、双方の変更オプションの行使によりタ

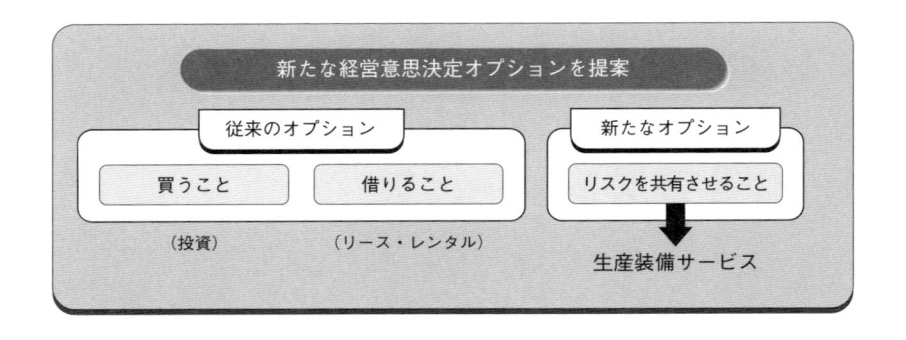

図7.1 生産装備サービス

イムリーな投資意思決定が可能となり、撤回不能投資の埋没化というリスクを大幅に低減させることができる。

このような生産装備サービスを活用すると、買う、借りる、サービスを受ける以外にいずれの意思決定もしない、つまり「何もしない」ことによる機会損失を減少させることができる。たとえば、最近の環境が重視される状況では、省エネ効果がCO_2排出量削減につながるため、何もしないよりは省エネ投資を促進したほうが賢明である[4]。これに対して、生産装備サービスは事業上の機会損失を防ぎ、操業状況に応じて変動する利益を常に確保しつつ利益の極大化をめざす投資意思決定のタイミングを図りやすくした新しいサービスビジネスモデルといえる。

この生産装備サービスビジネスを実施するには、ハードウェアであるインバータの知識、ファイナンスやオプションといった金融分野の知識、ハードウェアの稼働状況をインターネット経由で監視する情報ネットワークの知識、CDM (Clean Development Mechanism) などの環境ビジネスの知識など様々な知識を必要とする。本サービスを、多岐にわたる専門知識を統合した典型的な事例としてとりあげ、知識空間概念を用いて、横断型科学技術における知の統合の概念を説明する。

2. 省エネ・CO_2排出量削減を狙った生産装備サービスの概要

　ここで取り上げる生産装備サービスは、インバータという既存技術を使った高圧モータの省エネを、顧客のイニシャルコスト不要で実現する。これは、操業により刻々と変化する省エネ量を測定し、省エネ量を金額換算して、サービス使用料を実現した省エネの中から支払う仕組みである。また、増減する省エネ量合計（月単位）リスクの一部をサービス提供者が負担する「省エネサービスモデル」として提案し、ビジネスを推進している（図7.2）。

　モータのインバータ化による省エネはよく知られている。図7.3に示すように、インバータ適用前の消費電力曲線aに比べ、インバータを導入した消費電力曲線bでは、モータ回転数が少ない場合、消費電力がべき級数的に減少する。そこで、モータ回転速度に対応した消費電力bを時々刻々計測し、事前にモデル式で与えるインバータ適用前の電力曲線からaを求め、省エネルギー量：$c=a-b$を計測し、これを積分することでトータルの省エネルギー量を算出できる。インバータ適用前の消費電力曲線aのモデル化は、サービス提供者が実施する事前の省エネ診断をもとに、顧客企業との合意のもとでモデルを設定するのである。

　一般にESCO事業を含むエネルギーサービス事業では、上述の原理で得られた省エネルギーによる原資を、想定回収年数分だけ合計する。これを総原資として、インバータ等の省エネ設備の初期投資費用、メンテナンスや省エネ効果を計測する運用サービス費用、顧客の受け取る利益として分配する。初期投資費用に関してはファイナンス会社が融資をし、省エネによって得られた利益から初期投資費用とそれにかかる金利を返済していく。具体的には、インバータ導入とともに省エネ計測ツールを設置し、月々の省エネルギー額（省エネルギー量＊電力単価）を算出し、この情報を共有して、顧客がサービス提供者に初期のサービス契約に基づいて、サービス料や初期投資費用とその金利を支払う形をとっている。

省エネサービス：お客様に機器を購入いただくのではなく(無償)、インバータ導入により
発生した効果(省エネ)の一部をサービス使用料として返還いただくサービス

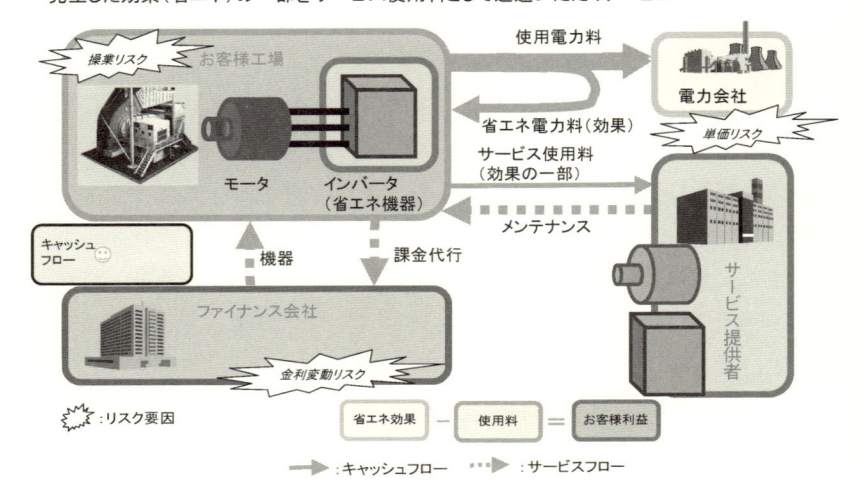

図7.2　省エネサービスモデル

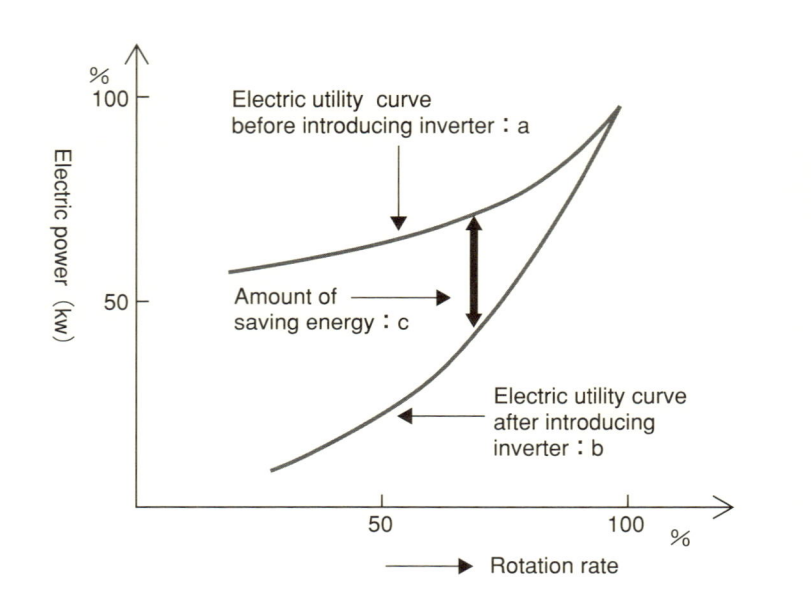

図7.3　インバータの省エネ原理

本サービスの特徴の1つは顧客が初期投資を必要としない点である。セクタ別アプローチで分類された多エネルギー消費型セクタでは、省エネルギーは、エネルギー消費コストの低減につながり利潤をもたらすという特徴をもつ。そこで、従来の機器設備導入の投資基準では投資できない対象でも、初期投資に必要なファイナンス（外部資金）を組み入れ、省エネ関連設備を導入し、省エネ効果を計測して、これによって生じたエネルギーコスト低減分の利益で初期投資を返却してゆくことが考えられる。省エネによって生じた利益は、顧客に還元され、この中から初期投資への返済、サービス提供者へのサービス料を支払っていく。省エネルギーの機会ロスの低減を最優先に考えると、初期投資が不要で、金利変動のリスクのない、ファイナンス要素を組み込んだサービスは、初期投資資金の調達が難しい顧客に対するサービスビジネスとして有効である。このように、ファイナンス要素（ファイナンス会社からの外部資金の利用）を取り入れた省エネルギーの機会発掘が、本サービスの大きなターゲットである。

3．顧客とサービス提供者の共創によるサービスの創生

　この生産装備サービスをめぐる顧客とサービス提供者の関係の変化を表7.1にまとめる。高度成長時代に、鉄鋼、紙パルプ、石油化学、石油精製などエネルギーを大量に消費する基幹産業顧客はできる限り資産を自前で保有し、その資産が当該ユーザの成長の糧となってきた。これはオンバランス主義が身上であったともいえる。一方、機器提供業者側は、膨大な設備投資に応えるべく大量生産と売切り（プロダクトアウト）に専念し、ひたすらシェアの拡大を追求してきた。しかし最近の経営は激変する事業環境に即応しながら企業価値の極大化を図るため、「選択と集中」や「資産の圧縮」といった観点から経営のスタンスや価値判断が大きく変化しつつある。

表7.1 顧客と機器提供業者の関係

		過去	現在ならびに今後	判断基準の変化
ユーザ（事業会社）	スタンス	できる限り自社で資産を保有（自前主義）	自社の強み領域に限り、資産保有非戦略部門は専業者と提携、補完減損会計対応	・オンバランスからオフバランス思考へ ・アライアンス、アウトソーシング指向
	判断基準	資産の保有が次の成長の糧	キャッシュフロー効率性重視	
機器提供業者	スタンス	ユーザ設備投資対応して売り切る	ファイナンス会社と組み、省エネサービスを提供	プロダクトアウトからサービス&ソリューションへ
	判断基準	規模（シェア）確保、拡大の追求	リスク見合いのマーケティング及びプライシング	

　本サービスは、従来のインバータおよびモータ機器売切りというスタンスから「省エネという価値を顧客と「共創」し、お互いの企業価値を高めやすいビジネスモデル」としてサービス&ソリューションへ変化させたものである。一方、顧客側から見て本サービスはどのような省エネ対応意思決定スタンスになるのか？　一般に生産装備に関する従来の意思決定の選択肢（オプション）は「買うこと」（投資）と「借りること」（リース・レンタル）の2つに代表される。本サービスは、支払金額が実現される省エネ見合により毎月変動する、解約が可能であるなどリースとは大きく異なっている。これは顧客から見た場合、省エネ実現の「リスク」を「サービス提供者に共有させる」という新たな経営の意思決定オプションともいえる。

　このように、顧客とサービス提供者の両方がリスクを共有するサービスのため、それぞれが納得できるリスクシェアモデルとする必要がある。そこで、本サービスでは、顧客とサービス提供者がプロジェクトを作り、図7.4に示すように、共同で検討を進めて双方が合意できるサービス契約を作るようにしている。

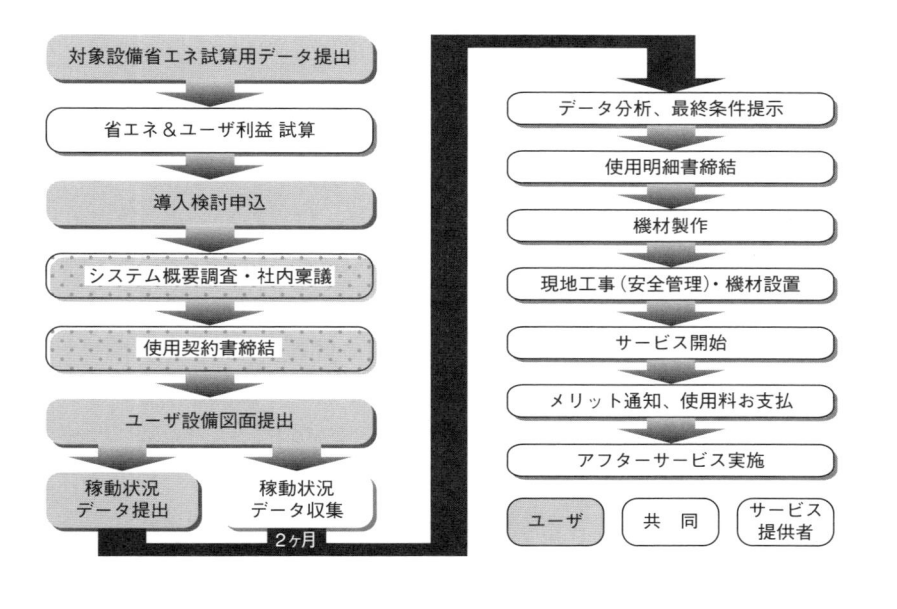

図7.4 顧客とサービス提供者の共創プロセス

4. 顧客とサービス提供者が共有できるリスクシェアへの取り組み

4.1 リスク定量化への取組み

　ここでは、生産装備サービスにおいて、顧客およびサービス提供者双方がどこまでリスクを負担することになるのか判断するための、リスク定量化への取組みについて説明する。本サービスでは、顧客およびサービス提供者双方のリスクシェア状況を定量的に把握するために、サービス事業の10年間の収益とリスクを予想するシミュレータを構築している。この事業シミュレータは、本サービスを導入した場合のお金の流れを予測するDCF（Discounted Cash Flow）計算部と、サービスを導入し

た設備の操業度合いを予測するモンテカルロシミュレーション部により構成される。DCF計算部では、顧客およびサービス提供者の、将来にわたる累積キャッシュフローをDCF法で計算する。ここでのキャッシュフローとは、サービス期間中に「流入したお金」(キャッシュイン)から「流出したお金」(キャッシュアウト)を差し引いた額である。さらに発生する価値は、そのキャッシュフローを利子率で割り引いた現在価値NPV (Net Present Value:正味現在価値) を用いて評価する。モンテカルロシミュレーション部では、サービス導入に伴うリスクを、モンテカルロ手法を用いてシミュレーション計算する。ここでは、省電力メリットおよびサービス使用量に大きく影響を与える要因として、モータの操業度合いおよび年間操業時間の変動を予測している。そのために、サービス期間中の擬似操業度(モータ回転数)を任意の確率に従った乱数により発生させ(場合によっては擬似トラブル等も発生させ)、現実に起こりうる何通りものシナリオを作成し、擬似操業度に従って将来の収益変動や収益分布を予測する。さらに、擬似操業度の乱数を発生させるときに、顧客の過去数年間のモータ操業(回転数)の実績データから、モータ操業変動を正規分布やロジスティック分布として近似した確率分布モデルを利用している。

　このDCF計算部とモンテカルロシミュレーション部とからなる事業収益シミュレータを用いることにより、顧客ならびにサービス提供者のサービス期間中の収益範囲を予測することが可能であり、リスクシェア状況を定量的に把握して、顧客およびサービス提供者の双方がどこまでリスクを負担することになるのかを判断することが可能となっている。以上のようにリスクの定量化を進めてみると、多くの場合で、顧客の収益予測範囲に比べ、サービス提供者の収益予測範囲の方が非常に大きくなる。これは生産装備サービスの特徴であり、顧客の操業リスクを肩代わりするためには、顧客にはないリスク回避策をサービス提供者が保有する必要がある。どれだけ強力なリスク回避策を保有し、そして適切なタイミングで行使できるのかが、生産装備サービス成功の鍵となる。

4.2 リアル・オプションによるリスク回避把握への取り組み

前節にて説明したとおり、生産装備サービスの1つの特長は、顧客の操業リスクをサービス提供者が肩代わりすることである。顧客が敬遠する操業リスクを肩代わりするためには、顧客が保有していない強力なリスク回避策をサービス提供者が保有することが重要である。ここでは、顧客とサービス提供者との間で締結するサービス契約において、リスクの回避を実現する契約条項に注目し、その1つである解約条項により実現する「転用オプション」を題材として、本サービスのリスク回避効果について紹介する。「転用オプション」とは、サービス導入先のモータの省電力メリットが低下した場合に、解約条項によりこのモータへのサービス契約を解除し、より多くの省電力メリットが期待できる優良モータへとそのインバータを転用できる権利のことである。これは一つのリアル・オプションであり、省電力メリット低下による収入額の低下を設備の転用により回避することができるというオプションである。転用オプションを保有することにより、サービス提供者は一度導入したインバータについて、その利用料収入がサービス提供にかかる原価よりも多い場合には、そのままサービスを提供し、また少ない場合には、サービスを解約して他のモータにインバータを転用することで、サービスし続けた場合の損失を回避することができる。

さらに、サービス事業シミュレータを用いて、この転用オプションによる本サービスにおけるリスク回避効果を定量的に評価する。そして、サービス導入先モータの省電力メリットが低下した場合に、サービス提供者側から解約できるという解約条項をサービス契約に織り込む。これによって、サービス提供者に強力な転用オプションを保有させ、サービス提供による将来の収益が負になる可能性を大幅に減少させることができる。

この転用オプションを始め、保有しうる様々なオプションをサービス提供者が保有することにより、従来は操業リスクが許容範囲を超えてし

まうために顧客が導入できない設備であっても、設備の提供が可能となる。つまり、サービス提供者が操業リスクを肩代わりするためには、まず保有可能なオプションを検討し、そのリスク回避効果を定量的に把握し、オプションを保有して行使できる形でのサービス契約を顧客との間で締結し、契約後には設備導入効果を計測して、必要に応じては適切にオプションを行使できる体制を整えてから、サービス提供を実施することが必要となってくる。

4.3　リアル・オプションを実現するための取組み

前節で説明したように、本サービスにおける転用オプションは、サービス提供者にとってサービス事業を実現するための強力な手段である。ここでは、転用オプションをより強力なオプションとして保有するために、実際のサービス提供の面での工夫点について、「動く電気室」と「ヤードを借りる」という2つのサービス提供の仕掛けについて紹介する。

(1) 動く電気室

本サービスでは、サービス契約の中にサービス提供者側から状況に応じて解約できる解約条項を追加することにより、サービス提供者にとっての強力な転用オプションを保有している。しかし、実際にそのオプションを行使するには、実は高いハードルが存在している。そのハードルとは、サービス提供者が支出した場合の「工事費」である。インバータとはモータを制御する制御盤の一種であり、電源やモータに接続するための配線や制御盤の発熱を防ぐための冷房設備などが必要となってくる。実際にインバータを設置する場合には、これらの設備を用意することに加え、配線作業費や設置作業費が発生するため、サービス提供者の支出に占める「工事費」の割合は無視できない。さらに転用を考えると、まず、最初の設置に伴う「設置費用」に加え、撤去に伴う「撤去費用」

と、次の顧客への設置に伴う「設置費用」が発生してしまう。

　生産装備サービスを推進していくうえで、サービス提供者にとって強力な武器である転用オプションを、より強固な武器とするためには、この設置に伴う「設置費用」および撤去に伴う「撤去費用」をいかに小さくできるかが重要な課題となる。本サービスにおいては「動く電気室」を開発し、この課題に対応している。

　これは、
　　① 改造した海上輸送コンテナにインバータ他のハードウェア機材を組み込み、
　　② この電気室を、トレーラを使って顧客の敷地に搬入し、
　　③ トレーラ内の配線済み機材を、外部端子ボックスを用いて顧客の設備と接続する、サービス提供形態である（図7.5参照）。このサービス提供形態により、設置時にインバータを簡単に据え付けられるとともに、撤去時の撤去作業も簡単に行え、また他顧客への移動もトレーラにより簡単に行える。多くの顧客においては、インバータという設備を導入したいけれども、「電気室に空きスペースが無い」という理由によりインバータを導入できていない状況がある。この「動く電気室」は電気室の替わりとなるため、「電気室に空きスペースが無い」設備に対しても導入が可能である。従来の機器売り事業と比べてもマーケット範囲が広がることになり、より転用オプションを行使できる機会が広がる。

(2)「ヤードを借りる」

　生産装備サービス推進において、サービス提供者にとって強力な武器である転用オプションをより強固な武器とするためには、転用オプションを行使する際に、どれだけ優良な転用先を見つけ出せるかという課題がある。それに対して、多くのユーザの対象設備においては、インバータを導入したいけれども、実際には「電気室に空きスペースが無い」という理由によりインバータを導入できていない状況がある。

図7.5　動く電気室　AzMARINE（特許）

　この課題に対して、本サービスでは、インバータだけでなく電気室も顧客に無償で提供するサービス提供形態として「ヤードを借りる」ことを考える。これは、
　　① 顧客に敷地内の土地（ヤード）を借りて、
　　② その上に電気室（ファイナンス会社の所有）を無償提供し、その電気室内にインバータを設置してその省電力メリットの一部を利用料として得る

というサービス提供形態である。これにより、従来はインバータを導入可能な設備を持ちかつ電気室にスペースのある顧客のみに提供可能であったサービスが、インバータを導入可能な設備を持つ多くの顧客に対して幅広く提供できるようになる。転用オプション行使時にも、この幅広いマーケットの中から転用先を探すことができるので、サービス提供者

が保有する転用オプションはより強固なオプションとなっている。

5. 生産装備サービスにおける異分野の知の統合と知識空間概念

5.1 生産装備サービスにおける異分野の知の統合

本章で紹介した生産装備サービスは、複数の異なる分野の専門知識を融合したサービスソリューションとして位置付けることができる。本サービスは、インバータをサービス機材として製造する事業を基にして、顧客の保有設備・操業状況情報から試算される省エネすなわち総収益を事前に計算し、これにファイナンス要素を組入れ、顧客の初期投資が不要となることに着目したエネルギーサービス事業である。そして、インバータ導入とともに省エネ計測ツールを設置し、インターネット経由でインバータの稼働状況を収集し、実現される省エネ量を算出した。この情報を共有して、顧客、ファイナンス会社、サービス提供者が省エネ効果を分け合う。さらに、省エネ電力量からCO_2排出削減量を求めれば、省エネだけでなくCO_2排出量削減のデータとして利用することもでき、環境ビジネスへの適用も可能である。このように、本サービスは、インバータのハードウェア知識、顧客設備・操業に関するプラントオペレーション知識、ファイナンスに関する金融知識、稼働状況のモニタリングのためのインターネット利用知識、CO_2排出量削減・環境ビジネスの知識の5つの異なる分野の知識を統合して新たなサービスを提供しているのである。このように、複数の異なる分野の専門知識を統合したサービスが今後ますます増えていくであろう。本サービスは、そうした知の統合によるサービス創生の典型的な事例と考えることができる。

5.2 横断型科学技術と知識空間概念

本章の最後に、横断型科学技術と知識空間概念の関係について述べよう。サービスサイエンスやサービスイノベーションでさかんに議論されているのが、Interdiscipline（学際）、Transdiscipline（横断型）、Multidiscipline（多領域）という概念である。サービスを構成する要素技術は、IT技術、ビジネスシステム、人間の振舞いを分析する文化人類学など多岐にわたるという指摘である。サービスイノベーションでは、これらの多くの技術を統合することによって、顧客に新たな価値を提供するサービス創造の必要性を示唆している。

ここで、異分野の知識を表現する手段として、知識空間概念を導入しよう。これは、図7.6に示すように、知識空間の座標軸として、相互に関連のない独立な座標軸をとって、人間の脳内に存在する1つの知識を知識空間内の1つの点に対応させようというものである。座標軸としては、たとえば、コンピュータの知の座標軸、哲学の知の座標軸、金融の

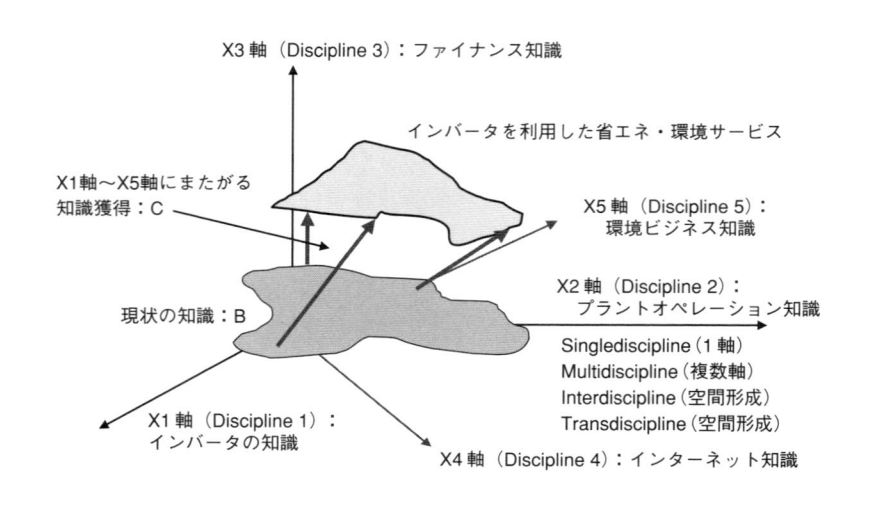

図7.6 知識空間概念

知の軸、経営の知の軸など、それぞれに相関が無いような軸を選ぶ。知識空間は、厳密な意味での空間ではなく、こうした知識軸で形成される知識の空間が概念的に存在することと理解していただきたい。サービスイノベーションにおける知識創造は、様々な専門領域の知識を融合して新たな知識を創造する問題が多い。複数の専門領域にまたがる知識群は、知識空間内の知識の集合として表現される。図7.6の知識空間の図で、これらの概念を説明すると、Singlediscipline は知識空間の1つの座標軸、Multidiscipline は複数の座標軸、Interdiscipline、Transdiscipline は、複数の軸が作り出す空間と解釈できる。新サービスや新事業を考えるには、複数の専門領域にまたがる知識空間を作れることが重要で、融合領域においてソリューションを見つけ出すことが必要なのである。

　本サービスを図7.6のように知識空間概念で表現すれば、インバータ機器のハードウエアの知識軸、顧客のプラントオペレーション知識軸、投資と回収に関するファイナンスの知識軸、インターネットによる通信の知識軸、CO_2削減に対する環境ビジネスの知識軸から構成される知識空間内の融合領域のソリューションとして実現できていることが説明できる。

6. おわりに

　顧客とサービス提供者の共創によるサービス価値創造、異分野の知の統合によるサービスソリューション創造の事例として、生産装備サービスの事例を取り上げた。省エネ・環境問題の重要性が叫ばれている今日、サービス提供者が顧客の代わりに生産設備を保有し、顧客の設備利用により発生する省エネ効果からサービス使用料を得ることで、顧客の設備投資リスクを軽減する「生産装備サービス事業」が新たなサービスとして注目されている。企業経営を取巻く不確実性が増す状況において、省エネ・CO_2排出量削減の機会を逃さないという点で、このサービスへ

のニーズは増大していくと考えられる。

　本サービスの特徴は、サービス提供者が顧客の操業リスクを一部分担し、顧客とサービス提供者がリスクシェアをすることにある。サービス提供者が顧客の操業リスクを肩代わりするためには、まず、顧客とサービス提供者双方のリスクシェア状況を定量的に把握することが必要であり、さらに、サービス提供者が、顧客にはないリスク回避策を保有して、その回避策を適切なタイミングで行使できることが必要である。このように、サービスのリスクシェアを、顧客とサービス提供者が共同で検討することでお互いに満足のいくサービス契約が締結できるし、この共同の検討プロセス自体がサービス価値を共創していることに他ならない。

参考文献

(1) 藪谷隆:「省エネサービスHDRIVEにみる生産装備サービスの考察」，電子・情報・システム部門大会，講演論文集，企業価値創造，p.294，TC9-5（2006）

(2) 藪谷隆:「ニュービジネスモデルHDRIVEによる高圧モータの省エネルギー」，紙パ技協誌60巻，第6号（通巻題663号），省エネルギー特集Ⅱ，p.22（2006）

(3) 藪谷隆:「生産装備サービス事業におけるリスク評価手法」，金融・契約技術・エージェンシー，東洋経済新報社，第Ⅳ部第9章（2006）

(4) 小坂満隆，藪谷隆:「インバータを利用した省エネルギー・CO_2排出量削減に対するサービスビジネスモデルに関する一考察」，電気学会C部門論文誌，Vol.129, No.4, pp.755-761.（2009）

(5) 小坂満隆:「新事業創生におけるシステム工学とナレッジマネジメントの融合」，システム/制御/情報，Vol.52, No.6, pp.215-221（2008）

第8章 ● 人・組織と情報システムとの共創による価値創造

―顧客とITベンダによる価値創造を通じた企業競争力の向上―

赤津雅晴

(日立製作所システム開発研究所)

1. はじめに

　本章では、人・組織と情報システムとの共創による価値創造という視点で、情報システムを導入して企業競争力をいかに向上していくかについて論じる。これは、顧客満足を第一に考えるサービスアプローチによって、情報システムによるサービスを捉える議論をすることに他ならない。ここでは、2.で情報システムの目的と経営価値の変化について触れ、3.で情報システムの経営価値向上のためのシステム統治のポイントについて述べる。さらに、4.でアウトソーシングサービスの成功要因について論じる。いずれの内容も、人・組織と情報システムの共創と顧客とITベンダの価値創造を通じた企業競争力の向上の重要性を示しており、サービスという視点で情報システムビジネスを捉える事の重要性を示唆している。

2. 情報システムの目的と経営価値の変化

　20世紀後半の企業情報システムの普及の歴史は、人間が行っていた

情報処理の作業を自動化する範囲の拡大の歴史といっても過言ではない。旧来の工業社会では、既存の価値を効率よく増大させることに力点が置かれていた。そこでの情報システムの主な役割は、業務効率化の道具として、人が行っていた作業、特に定型的な業務を代行することにあった。

一方で、21世紀は知識社会の時代といわれる。既存の価値を増大させることよりも、新たな価値を創出することに主眼がおかれる時代である。知識社会では、ナレッジワーカーと呼ばれる人々が、専門以外の幅広い関心を持って、主体的、自律的に行動することが競争力の源泉になる。このような社会の変化に伴い、情報システムの役割も大きく変化している。知識社会においては、情報システムの主たる役割は、人間の知識処理を代行することではない。知的な創造活動そのものは人間がおこない、情報システムにはその活動の場を活性化することが求められる。いわば、イノベーションの触媒としての役割である。

情報システムの役割の変化は、情報システム投資の効果を評価する考え方にも大きな影響を与えている。従来型の業務効率向上を目的とした情報システム投資においては、作業時間の短縮や、処理能力の増大など、効果の定量化が比較的容易であった。また、品質に関しても、情報システムそのものの信頼性や可用性を論じていれば十分であった。これに対して、知識社会においては、情報投資が、業務レベルではなく、企業全体の業績や成長に寄与することを求められる。また、信頼性も、システムレベルの話では閉じずに、経営を支えるインフラとして、経営品質の観点からの高信頼性が要求される。

しかし、このようなビジネス視点から情報システムを評価するのは難しい。それは、情報システムがビジネスに与える影響が間接的であることに起因する。すなわち、情報システムの出力は情報であり、その情報をどのように活用するかで効果が決まるために、同じ情報システムを導入しても、その効果は、その情報システムを利用する組織や人に大きく依存するからである。P. ストラスマンは、IT投資額と企業業績の間に

は何の相関もないことを実証している[1]。また、N.カーは、ITはもはやコモディティ化しているため、過剰なIT投資は好業績につながらないといういわゆる「IT doesn't matter」の論争を提起した[2]。さらに、D.ファレルは、米国の1990年代後半の大規模なIT投資で、生産性向上につながったのは、「小売」「証券」「卸売り」「半導体」「コンピュータ」「通信」の6業種のみであることを実証した[3]。これらの議論で共通する主張点は、情報化投資が無意味であるということではない。同じように投資をしても、企業競争力向上につなげている企業と、効果を引き出せていない企業が存在するということである。

では、その差はどこから生じるのであろうか。それは、経営戦略とリンクしたIT戦略を策定して、それを確実に実行する組織能力があるかどうかにかかっている。そのような組織能力には、情報システムに関わる利害関係者間で、投資の対象やその目的に関する共通認識を持つことが必要不可欠である。ここで、利害関係者とは、情報化投資のスポンサーである経営者、情報システムの直接的な効果を享受する業務部門、そして、情報システムのマネジメントを行う情報システム部門の三者である。

経営戦略とIT戦略の一貫性を実現して、情報システムの経営価値を向上させるための戦略マップを図8.1に示す。戦略マップとは、経営戦略立案・実行評価のフレームワークとして広く普及してきたバランスト・スコアカード（Balanced Scorecard）[4]のためのツールである[5]。バランスト・スコアカードでは、経営トップのビジョンと戦略を4つの視点から業績評価指標に落とし込む。ここでは、オリジナルのバランスト・スコアカードとは若干視点を変えている。例えば、オリジナルでは「顧客の視点」と呼んでいるものを、図8.1では「サービス利用者の視点」とした。これは、情報システムにとっての顧客とは、その情報システムが提供するサービスを利用する人であるという考えに基づいている。図8.1に示した各視点で、主要成功要因としてあげたことが実現できれば、そのバリューチェーンの結果として、経営価値の高い情報シス

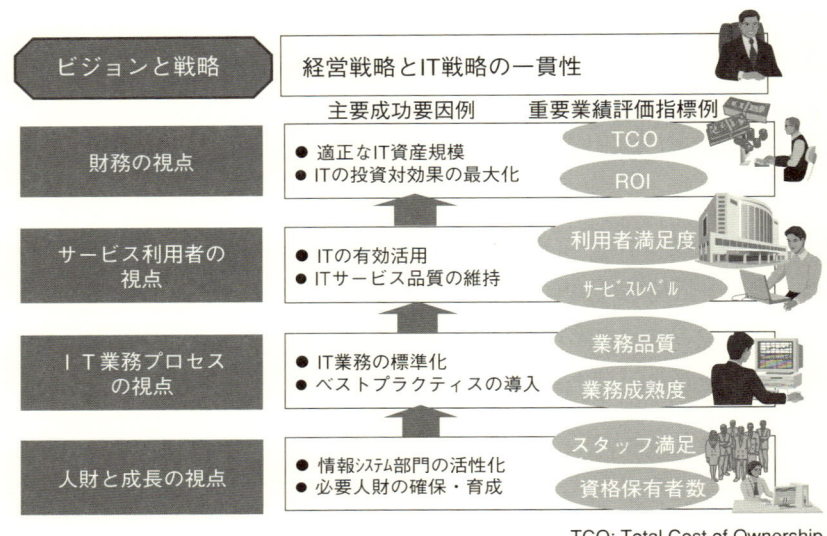

図8.1　情報システムの経営価値向上のための戦略マップ

テムを実現することができる。次節では、各視点で情報システムを統治、管理していくためのポイントを概説する。

3. 情報システムの経営価値向上のためのポイント

3.1　投資対効果の明確化

　財務の視点で第1に考えなくてはならないポイントは、情報システムの投資対効果の明確化である。情報システムの役割が、単なる業務効率の道具から、企業競争力強化の武器に変わってきたことによって、その財務的な効果は不透明さを増している。新しい情報システムの導入によ

り、売上高の向上やコストの削減といった効果が出たとしても、純粋に情報システムの効果だけを取り出すことは不可能である。すなわち、財務的な効果を算出するためのいわゆる「正解式」は存在しない。大事なことは、利害関係者の納得性をいかに高められるかという点にある。

　経営者の立場からすれば、最終的には、財務的な効果が明確でない限り、投資実行の判断は下せない。従って、財務的な定量評価は必須である。一方で、関係者の合意を形成するためには、その財務的な効果を算定した根拠に対して透明性が要求される。すなわち、情報システム導入による直接の効果と財務的な効果との関係を明確にする必要がある。そのためには以下のようなステップを踏むとよい[6]。

　まず、情報システムを導入することによって得られる定性的な効果を列挙する。具体的には、情報システムの導入で、業務がどう変わり、その結果として、企業業績にどのようなインパクトがあるのかを、その情報システムを利用する部門が宣言することになる。

　次に、上であげた定性的効果項目を定量的に評価するための指標を決定する。この指標を重要業績評価指標KPI（Key Performance Indicator）と呼ぶ。そして、各KPIに対して、目標値とその目標達成の責任部署を明確化する。情報システム部門や利用部門の担当者レベルでは、それぞれのKPI目標達成が投資に対する責任となる。

　最後に、それぞれのKPIが売上高や販売管理費といった財務的な数値とどのように関係するかについて、その関係モデルを構築する。このモデル作成は、経営方針とも密接に関係するものであり、汎用的には決められない。例えば、サプライチェーン管理システムの導入を例に取ると、KPIとしてリードタイムは必須の項目である。このとき、リードタイム短縮の財務的効果の考え方は多様である。棚卸資産の削減という見方もできるし、失注件数が減ることによる売上高増加という側面もある。評価対象の投資案件がどのような経営課題を解決しようとしているのかに応じて、柔軟にモデルを決定していくことが肝要である。

　一方、上記のプロセスと平行して、投資額の見積もりも行う。ここで

は、情報システム導入時の初期投資額だけではなく、情報システムを定常的に運用しているときの運用費や保守費も考慮すべきである。情報システム投資では、一般的に、情報システムを調達、構築するのにかかる初期費用よりも、それを保持、利用するのにかかる費用の方が大きい。従って、投資対効果を計算する際に、このトータルコストを把握しておくことが重要である。

　以上の流れに従って、投資の効果を評価する際に最も大切なことは、各ステップで、必ず関係者間の合意を得た上で次のステップに進むべきであるという点である。繰り返しになるが、ある情報システムの導入に対して、その効果を算出するための客観的に正しい数式は存在しない。したがって、最終的に得られた財務的効果の数値だけをとりだして議論しても無意味である。あくまでも、その根拠に対して、関係者間の共通認識を醸成することが本プロセスの目的である。

　さらに、計画時の評価だけではなく、投資後にその効果を検証できるようにすることも必要である。そのためには、計画時に設定した業績評価指標を実際にモニタリングして、計画と実績のギャップを分析できるようにしておかなければならない。情報システムを構築する際に、その指標をシステムで取得できるようにしておくことも有効である。

3.2　情報システムの有効活用

　サービス利用者の視点では、導入した情報システムが真に有効活用されているかがポイントとなる。経済産業省では、企業のIT利活用段階を4つのステージで定義して、その実態調査を行った[7]。その調査によると、2003年に比べて2005年では全体的にIT利活用のレベルが上がっているが、それでも7割強の企業が「部門内最適化企業群」というステージ2以下にとどまっている。情報システムを企業全体の競争力強化につなげている企業は4分の1に過ぎない。

　「組織全体最適化企業群」というステージ3以上を目指すためには、

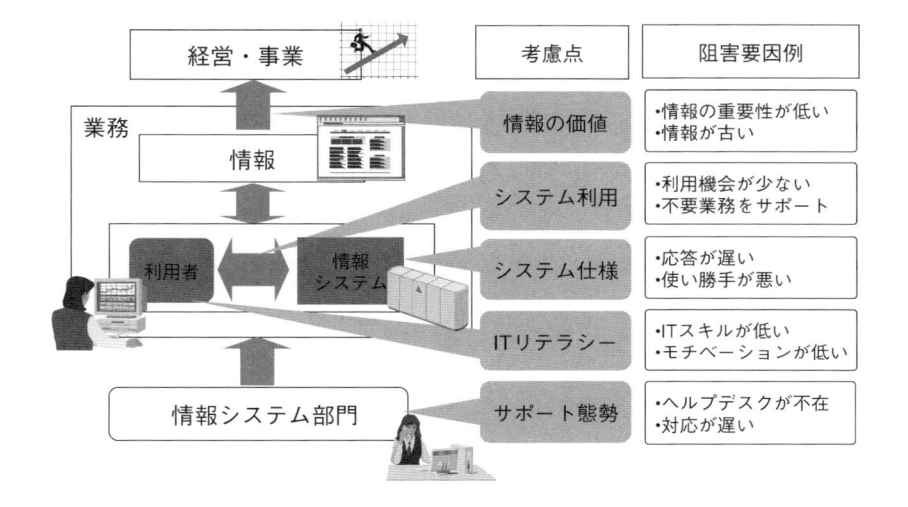

図8.2 IT活用の構造と阻害要因例

　情報システムの仕様を設計する段階で、前節で述べたような投資目的の明確化が必須であるが、仕様どおりの情報システムを構築するだけでは、それが有効活用されるとは限らない。多くの阻害要因を取り除く必要がある。図8.2に、IT活用の構造と、活用を阻害する主な要因を示す[8]。情報システムは利用者が利用することによって、はじめて業務遂行という効果が生まれる。それと同時に、そこには必ず何らかの情報が生み出される。その情報を介在して、複数の業務が結びつくことにより、1つのビジネスが形成される。また、この流れ全体を下支えする情報システム部門が存在する。

　図8.2に示した矢印の流れがスムーズであれば、情報システムの利用が経営上の競争力向上につながるはずである。逆にいえば、この連鎖に弱いところが存在すれば、それが情報システムの有効活用を阻害する要因になる。情報システムが導入前に意図した効果を発揮していない場合に、その効果を阻害している要因を検出するための着眼点を以下に述べ

る。

　第1に、情報の価値に注目する。情報システムを活用して得られた情報が、ビジネス全体から見て価値が低ければ、どんなにその情報システムの利用率が高くても、十分な効果は期待できない。必要な情報が必要なタイミングで得られていない場合、情報システムの機能や性能を見直す以前に、情報の入力から出力までの一連の業務プロセスの見直しが先決である。

　次に、情報システムが業務にどの程度貢献しているかも重要なポイントである。ここでいう貢献とは、簡単に言えば、情報システムの利用者が自分たちにとって必要な業務を遂行する上で、情報システムを実際に使っているかということである。重要性の低い業務をサポートしているために、その情報システムの利用度が低いというケースがどの企業にも多かれ少なかれ存在する。

　例えば、予実算管理システムを導入したある企業の実例を紹介する。この企業では、予実算管理システム導入に伴い、各部門で作業実績データを入力するという新たな作業が発生したが、想定どおりにはデータ入力されなかった。そこで、情報システム部門では、データ入力のインタフェースが使いづらいといった一部の利用者の声を聞いて、システムの改善を検討していた。しかし、詳細に分析したところ、問題の本質は、情報システムの機能や使い勝手にあるのではなかった。収集されたデータの分析結果がフィードバックされることがなかったために、各部門にとっては、情報システム導入で無駄な負荷が増えただけになっていた。このようなケースでも、情報システムを何のために導入するのかという原点に立ち返ることが大事である。

　上記のケースとは異なり、情報システムの仕様に問題が内包されているケースも少なくない。第3のチェックポイントは、情報システム自体の利用者満足度である。情報システムが支援している対象業務が重要であればあるほど、その情報システムの性能や信頼性は大きな問題となる。情報システムの停止が業務の停止にもつながったり、情報システムの応

答が遅いために業務効率が上がらなかったりといった例がこれに該当する。

　また、情報システムの利用者側に問題が存在するケースもある。情報技術が急速な進歩を遂げている一方で、ビジネス環境も刻々と変化している状況では、有効な情報システムを実現するために、利用者の積極的な関与が不可欠である。情報システムの利用者が、十分に情報システムを使いこなせなければ、情報システムはその効果を十分に発揮できない。また、情報システム利用者が、自分たちの業務やビジネスにITを積極的に活用していこうというモチベーションを持っていないと、有効な情報システムを構築することもできない。

　従って、サービス利用者の視点とは言っても、利用者の満足度を高める努力をするだけではなく、利用者のレベルアップも合わせて考えていく必要がある。

　最後に、情報システム部門の支援態勢も忘れてはならない要素である。利用者の積極的な関与は重要な要素ではあるが、彼らが情報技術に精通している必要はない。ヘルプデスクや教育などを通じて、情報システム部門が必要に応じて支援する仕組みが構築されていれば問題ない。さらに一歩進んで、情報システム部門が利用部門のビジネスにも積極的に関与していき、利用部門と情報システム部門間で良好なコミュニケーションがとれれば、よりよい情報システムの提案につながる。換言すれば、このような情報システム部門の支援態勢が不十分であると、情報システムの効果を阻害する。

　以上述べてきた着眼点は、あくまでも情報システムを利活用する立場の人からの評価が必要である。利用者に対して、アンケート調査やヒアリングを定期的に行うことによって、情報を収集することが望ましい。利用者からの意見を直接聞くことには、大きく2つの意義がある。情報システム有効活用に向けた課題が発見できることは言うまでもないが、組織全体の能力向上の側面も見逃せない。すなわち、定期的に広範囲から意見を聞くことによって、全社レベルで情報化投資に対する参加者意

識を醸成することにつながる。

3.3　プロセス成熟度の向上

　いわゆる「日本版SOX法」と呼ばれる金融商品取引法が2006年6月に成立し、2009年3月期決算から上場企業に内部統制報告書の提出が義務付けられた。この法律に対応するためには、情報システムに関わるプロセスに対して内部統制が十分に機能している必要がある。なぜならば、正確な財務情報を作成するために必要なデータの統合や整合性の確保などには、情報システムの活用が必須だからである。

　一口に情報システムに関わる業務プロセスの内部統制といっても、その対象は、情報システムの企画、開発から運用、保守まで、多岐に渡る。これを包括的に扱う枠組みとして、COBIT（Control Objectives for Information and related Technology）が有効である。COBITとは、米国情報システムコントロール協会ISACA（Information Systems Audit and Control Association）が制定したフレームワークで、2005年末に第4版が発表された。ITにかかわる合計34のプロセスについて、成熟度の考え方や監査基準などを規定している。また、経営者から情報システム部門の担当者まで、用途に応じて様々な利用者向けの資料、ツールが提供されている。

　COBITが規定している内容は、ある意味で理想的なものである。従って、それにすべて準拠することは現実的とはいえない。COBITの最上位の目的は、ビジネス目標を達成することにある。その観点から、各プロセスの統制に軽重をつけるべきである。その際に参考になるのが、プロセスの成熟度の考え方である。COBITでは、各プロセスの成熟度を「存在しない」「初期」「反復可能」「定義されている」「管理されている」「最適化」のレベル0から5まで6つのレベルで定義している。この成熟度の考え方は、米国カーネギーメロン大学ソフトウェア工学研究所SEI（Software Engineering Institute）が提唱したプロセス改善モデルであ

るCMMI（Capability Maturity Model Integration）がベースになっている。

　各プロセスの統制に軽重を付けるとはいっても、SOX法に対応するという観点では、「定義されている」というレベル3は必要である。ここで、「定義されている」とは、そのプロセスの運営基準や手順が文書化されており、組織全体でその標準に基づいて業務を行っているという状態である。このレベルまで成熟度を上げるためには、業務の進め方を文書化することは言うまでもないが、それに加えて、文書化の過程で、人の働き方も考慮して、新たな組織文化を構築することも求められる。従って、拙速に陥らずに、時間をかけて着実にレベルアップを図ることが肝要である。

　以上述べた話は、コンプライアンスという点で、やらなければならないことである。しかし、単に「義務」として行うのではなく、図8.1で示したように、IT業務プロセスの成熟度向上が、最終的には経営価値を向上する情報システム実現につながるという点を忘れてはならない。

3.4　人材ポートフォリオの構築

　筆者はこれまで数多くの企業や組織の情報システム統治の現状を見てきたが、情報システムを支えるいわゆるIT人材に関して問題をかかえているケースが目立つ。具体的には、情報システム部門としての人材確保に関する中長期計画の策定や、情報システムにかかわる従業員育成のプラン作り、評価といった人材マネジメントができていない企業が多い。

　戦略マップの考え方からもわかるように、情報システム部門としての組織能力に問題があれば、真に有効なIT戦略の策定やその実行はできない。場当たり的な対応ではなく、中長期的な視点にたって、人材のポートフォリオを構築していくことが重要である。

　図8.3に、情報システム部門における人材ポートフォリオの枠組みの例を示す。ここでは、ポートフォリオとして規定する対象として、職種と人材確保方法の2つを取り上げた。

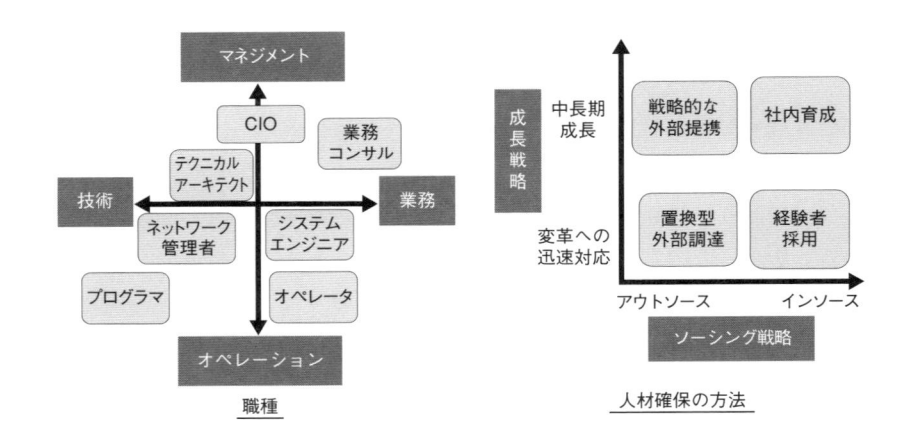

図8.3　IT人材ポートフォリオの枠組み例

　職種に関して言えば、第1に、会社のコア業務に精通した人材と情報技術に精通した人材のバランスをとらなければならない。また、もう1つの軸として、オペレーションとマネジメントのバランスも要求される。情報システムに関わる多種多様な業務に対して、この2つの軸で、組織全体として適切な規模とバランスを考えることがポートフォリオの第一歩である。このとき、各人のキャリアパスの設計と合わせて考えていくことが肝要である。例えば、最初はオペレータのような定型的な業務を行う職種から入って、経験を積み重ねながら、システムアーキテクトといった高度な専門技能が必要な職種に展開していく。

　これらの設計に役立つのが、2002年に経済産業省が発表したITスキル標準である[9]。ITスキル標準では、「コンサルタント」「ITスペシャリスト」といった11職種38専門分野ごとに、スキルのレベルを設定して、各レベルで要求される業務経験や実務能力、知識を定義している。

　人材ポートフォリオ構築でもう1つの重要な柱は、人材確保の方法である。ITスキル標準で規定された職種をすべて自社の人材でそろえる

必要はない。情報化戦略に照らして、自社にとってコアとなる部分を明確化して、その人材を育成するとともに、アウトソーシングの活用も視野に入れることが望ましい。

4. 成功するアウトソーシングの勘どころ

4.1 アウトソーシングの狙い

　自社の業務や機能の一部を外部の専門業者へ委託するアウトソーシングが盛んに行われている。特に、IT分野での適用は目覚しく、リーマンショックの影響で国内ITサービス市場も落ち込む中、アウトソーシング市場だけはプラス成長を続けている。一口にアウトソーシングといっても、単に情報システムの運用だけでなく、その情報システムがサポートしている業務も含めて外部に委託するBPO（Business Process Outsourcing）も増えている。アウトソーシングは、ITサービス市場の中で最も大きなセグメントを形成しつつある。

　このようなアウトソーシングの活用は特に目新しいものではなく、1960年代から計算機センターの管理やオペレーションを行うサービスは存在していた。当時は、コンピュータが物理的に大きくて価格も高いために、自社で設備をもてないという事情が大きかったのであろう。これに対して、近年におけるアウトソーシング市場の隆盛は、全く別の理由による。グローバルの生き残りをかけた熾烈な競争という経営環境の変化に伴い、情報システム部門に求められる役割も大きく変わった。情報システムを、安全に、かつ、高信頼、高効率で運用することが、旧来の情報システム部門に求められていることだった。しかし、現在では、上記に加えて、有効性や戦略性が問われるようになってきた。すなわち、経営に寄与する情報システムのあるべき姿を設計するといった観点が強調されるようになった。この結果、経営企画部門と情報システム企画部

門を統合する一方で、システム開発や運用はアウトソーシングするという事例が多く見られるようになってきた。

　結果として、アウトソーシングをするべきかどうかを議論するという時代は去り、アウトソーシングをいかに有効に活用するかが焦点に移ってきている。すなわち、アウトソーシングをするという決断に時間をかけるのではなく、どの機能をアウトソーシングすることが自社の競争優位につながるのかという議論に力点をおく必要がある。さらに、アウトソーシングをした部分は全てアウトソーシング・プロバイダにお任せというスタンスでは、アウトソーシングの成功はおぼつかない。言うまでもないことだが、アウトソーシングは魔法の杖ではない。表8.1に示すようなリスク要因が挙げられる。例えば、外に切り出した部分を、アウトソーシング会社に任せきりにしてしまうと、サービス品質やコストの妥当性を検証することができなくなったり、IT業務が社内外で分断されてしまったりして、統制が取れなくなる。また、最初に決めた契約に縛られて、委託した業務の範囲や品質が変えられないといった柔軟性や融通性の欠如が問題となるケースもある。これらのリスク要因を防ぐためには、アウトソーシングの委託者と受託者双方が、共通認識を持って、それぞれの立場でマネジメントしていくことが必要となる。

　以下では、アウトソーシング推進のプロセスを紹介した後、表8.1に示したようなメリットを享受するために、各ステップで留意すべきポイ

表8.1　アウトソーシングの主なメリットとリスク要因

メリット	リスク要因
・コアコンピタンスへの集中	・統制力の低下
・新たなビジネス創造	・柔軟性、融通性の欠如
・社員のキャリアパス創生	・従業員のモラルや忠誠心の低下
・最新技術へのキャッチアップ	・インソースに戻そうとしたときに必要な人材がそろわない
・コストの削減	

	交渉期間		契約期間
	ソーシング 戦略策定	アウトソーシング 実行計画策定	サービス 利用
利用 技術	アセスメント	SLA策定	サービス管理
狙い	正確な現状把握 とあるべき姿の 明確化	プロセスの効率化と 適正なコストでの 顧客満足向上	サービス品質向上に よる運用コスト削減 とリスク低減

SLA：Service Level Agreement

図8.4　アウトソーシング推進プロセス

ントを概観する。

4.2　アウトソーシング推進プロセス

　アウトソーシングの推進プロセスは、基本的には、図8.4に示すように大きく3つのステップに分けられる。まず、第1ステップのソーシング戦略策定では、自社の強み弱みや社外動向を分析して、アウトソーシングの対象範囲（業務、システム）を明確にする。次に、第2ステップのアウトソーシング実行計画策定では、アウトソーシングサービスの内容（サービス仕様、品質、価格など）を詳細化して、最終的に契約を締結する。その後、第3ステップの契約期間において、アウトソーシング会社が提供するサービスを利用する。その際、サービス委託側も、単にサービスを利用するだけではなく、適切なマネジメントが必要であることは先に述べたとおりである。

　以下では、それぞれのステップ別に、主要成功要因を説明する。

(1) 第1ステップ：ソーシング戦略策定のためのアセスメント

　ソーシング戦略を策定するに当たって、的確に現状を把握するためのアセスメントは必須である。自社の強み、弱みは何か。その強みを生かす、あるいは、弱みを解消するためにアウトソーシングという手法が有効であるか。それとも、インソースに残して、自社内で強化、改善していく方が得策か。このような分析を通じて、あるべき姿を設計する。

　この際に重要なことは、ITスポンサーである企業経営者、ITオーナーである利用部門、そしてIT提供責任者である情報システム部門の3者が、共通認識を持ち、様々な視点から総合的な判断を下すことである。すなわち、単に現状の情報システムやその開発・運用業務の品質を問うだけではなく、経営戦略とIT戦略とのリンクの強さや、利用者サイドからみた情報システムの利用価値など、評価すべき項目は広範にわたる。

　この要請に対して、前節で紹介したバランスト・スコアカードの考え方がソーシング戦略を考えるためのベースとしても好適である。

　財務の視点では、TCO（Total Cost of Ownership）の考え方に基づき、情報化コストを可視化することからスタートする。そして、それに対する効果や関係者の意識についてもアセスメントを実施する。一般的に、利用部門では、情報化にコストがかかりすぎているという意識を持ちがちだが、自部門が負担しているコストを知らないというケースが少なくない。このような認識不足を解消することもアセスメントの重要な目的である。

　情報システム利用者の視点では、一言で言うと利用者満足度を調べることになる。ただし、単に満足しているかどうかという利用者の主観だけではなく、情報システム、および、その情報システムが扱っている情報そのものが、どの程度ビジネスや業務に寄与しているかも評価する。

　IT業務プロセスの視点では、COBIT（Control Objectives for Information and related Technology）、CMMI（Capability Maturity Model Integration）、ITIL（Information Technology Infrastructure Library）といったIT業務プロセスに関するベストプラクティスと比較して、自社内の

IT業務の進め方がどの程度成熟しているかを調べる。

　情報システム部門の人材の視点では、情報システム部門スタッフのモチベーションやスキルといった特性を評価するとともに、必要な人材の育成や確保のための態勢が整備されているかを評価する。情報システム部門スタッフに対して、自社内で十分なキャリアパスを創生できるか、自社が保有する技術レベルが日進月歩で発展する情報技術に対応できるのかといった点も評価項目に挙がる。

　以上の4つの視点は、バラバラに評価するのではなく、複数の視点を組み合わせて分析することで、本当の現状と進むべき方向性が見えてくる。一般的には、競争力がない部分がアウトソーシングの対象となる。例えば、「情報化コストが同業他社と比べて高い割には、そのサービス品質は悪く、利用者の満足度も低い」といったIT業務を取り出してアウトソーシングに置換するという選択がある。

　一方で、非常に専門性が高く、社外でも活用できる技術を有している場合、ITの専門ベンダと組むことによって、それを外販していくという戦略もある。弱い部分を補強しつつ、強い部分をさらに伸ばすために、個別の業務やシステムを切り出すのではなく、IT戦略を共有するアウトソーシング事業者と包括的に契約するのも1つの選択肢である。

　もちろん、ソーシング戦略は各社各様であり、一概にその是非は論じられないが、アセスメントを通じて、全社の共通認識を確立することだけは必須である。

　A社では、包括的なITアウトソーシング実施に先立ち、アセスメントを実施した。その結果、情報システム部門が抱える個別の課題以上に致命的な全社的な問題を抱えていることがわかった。IT企画部門が策定しているIT戦略はあるが、その内容に関して会社全体での合意形成や承認が不十分であった。そのため、経営戦略や経営計画に即したIT投資ができず、事業部の不公平感も強かった。

　そこで、アウトソーシング移行計画の中で、IT業務を外部に委託するための組織、プロセス設計と並行して、社内のITガバナンス確立に

向けた改革に取り組んだ。具体的には、IT戦略策定から実現までの仕掛けとして、経営層も参加してIT戦略を議論する場の設置や、IT投資に関する全社共通の意思決定プロセスの整備などを行った。その結果、情報化の推進において、企業としての基本方針が定まらずにアウトソーシング・プロバイダに主導権を握られて統制がきかなくなるというリスクを未然に回避することができた。

以上のアセスメントは、アウトソーシングの委託先を決める前に行うものであるが、あらかじめ委託先の候補を絞って、その企業と連携して実施する場合も多い。この場合、アセスメントには、アウトソーシング先候補の評価も含まれる。アウトソーシング先の選定にあたっては、ITに関する高い技術力は必須であるが、強固な経営基盤や企業文化に関する自社との類似性といった要素も考慮して、パートナーとして信頼できるかを総合的に判断することが必要である。

一方、上記のアセスメントは、アウトソーシングを受託する側にとっても重要なものである。顧客にとって何が不足していて、どこを強化することがアウトソーシングのメリットを最大限に発揮できるかを調べておくことにより、それ以降のサービス設計やサービス提供の計画に反映させる。

(2) 第2ステップ：SLA（Service Level Agreement）の策定

アウトソーシングはいわゆるサービスである。ハードウェアやソフトウェアといった製品を提供するのではなく、情報システム機能を提供する。アウトソーシングを委託する側から見れば、そのサービス品質に関して、事前の期待と実績を比較できるような指標が必要である。この課題に対して、サービスレベル契約SLAの考え方が有用である。

SLAとは、サービス提供者がサービス利用者に対して提供するサービスの品質基準を規定して、同時にサービス品質の監視、報告方法や未達の場合の対応などについても明らかにする契約である[10]。サービス利用者から見れば、サービス品質が明示されることで、サービス提供者

の選定やサービス価格妥当性の判断が容易になる。さらに、保証されたサービス品質が未達の場合には補償を受けられるので、システムリスクのヘッジも可能になるというメリットもある。サービス提供者にとっても、責任範囲を限定するという防衛的なメリットだけでなく、優良顧客の選別やサービスの他社差別化の武器になりうる。

SLAに関して経済産業省や総務省などからSLA導入の考え方やSLAのサンプルを掲載したガイドラインも発行され、その考え方は広く知られるようになった。アウトソーシング契約を締結する際に、契約書にSLAを加える事例も増えており、いまやSLA締結は常識になっている。

しかし、SLAはペナルティをとるための手段であるという誤解が一部に存在しているように思える。アウトソーシング委託者にとって真に重要なことは、自分たちが求める水準のサービスをアウトソーシング受託者が提供し続けてくれることである。これに対して、SLAは合意文書であり、その文書がサービスの品質を保証するわけではない。サービス品質を保証するのは、双方のサービスマネジメント活動である。このとき、最も必要なことは、サービスに求められる水準に関して利用者側と提供者側で共通認識を持つことである。SLAはあくまでもそのための道具である。最初の契約時にSLAを決定してそれを守り続けるのではなく、SLAを共通言語として、常により良いサービスを実現するように、サービス提供者とサービス利用者の間で、コミュニケーションをとり続けることが大事である。なお、より良いサービスとは、必ずしも品質が高いサービスという意味ではないことに留意されたい。品質を変えずに、あるいは品質を下げても、今よりも安いサービスを提供する方が良い場合もある。

従って、SLAの策定に際しては、委託者と受託者がチームを組んで、対等な立場で検討、交渉を進めることが必須である。アウトソーシング提供者が自分たちの提供できるサービスレベルを一方的に宣言するものではなく、両者の共同作業が基本となる。サービス提供者は、どの程度のコスト（利用者から見れば料金）でどの程度の品質を提供できるのか

について情報を開示する。サービス利用者は、サービス品質の変化が自分たちの業務にどの程度の影響を与えるかを明示する。これらの情報を双方が共有して、適切な指標やその目標数値を決定する。

　両者の緊張関係を保つためには、ペナルティも1つの手段ではある。しかし、SLAに記載する全ての指標（＝サービスレベル項目）をペナルティ対象にする必要はない。重要度に差がある情報システムを一律に同じ基準で管理することは、徒に管理コストを増大させるだけである。そこで、図8.5に示すような管理レベルの考え方が有用である。情報システムの重要性やサービス提供にかけるコストなどに応じて、サービスレベル項目を分類する。

　保証項目は、目標値を定めて、サービス提供者が実績値を測定、報告して、その値を保証する項目である。すなわち、その目標値を達成できなかった場合にはペナルティが課される。目標項目は、目標値を定めて、実績値を測定、報告する項目である。その目標値達成のための努力義務

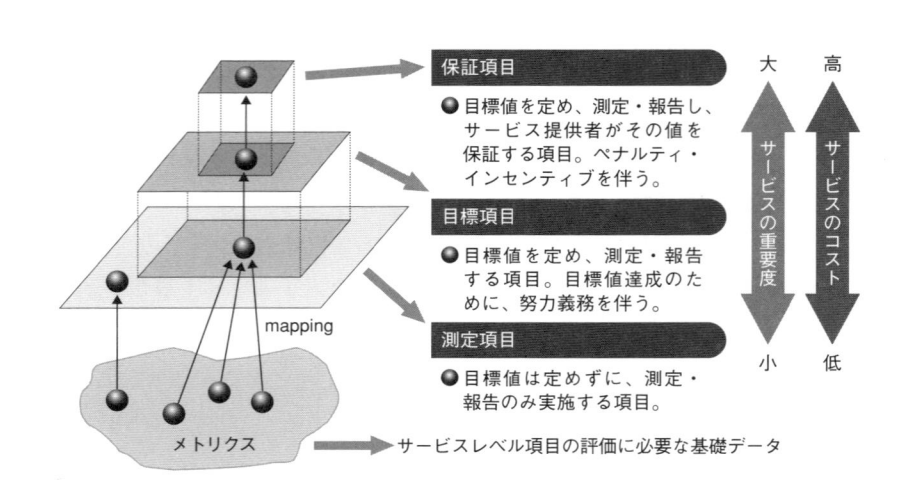

図8.5　サービスレベル項目の管理レベルの考え方

はあるが、達成度にリンクした金銭的なやり取りは発生しない。すなわち、サービス提供者は、目標値を達成できなかった場合には、その改善施策をサービス利用者に提示して、それを速やかに実行する。測定項目は、目標値は定めずに、実績値の測定、報告のみを行う項目である。

　この考え方に基づいて、サービスを提供していく過程で、サービスの水準を上げていくことも考えられる。例えば、サービス開始時点では、あるサービスレベル項目に関して、利用者が自分たちにとって本当に望ましいレベルを具体的な数値で要求することは難しいことが多い。この場合に、まず、測定項目から始めて、一定期間の間に実績値を蓄積する。この実績値をベースにすれば、利用者にとって望ましいレベル、あるいは提供者が提供できるレベルを具体的な数字で議論することが可能になる。そこで、この議論を踏まえて、目標項目に格上げする。

　B社では、これまで自社で行っていた情報システムの運用業務をC社に委託する際に、SLAを締結した。当初、B社では、情報システムの可用性に関して、過去の実績の平均値を保証値として設定するようにC社に申し入れた。しかし、C社では、保証項目にするからには、その保証値を確実にクリアできるようにすることが双方にとって望ましいと考えて、目標項目からスタートすることを逆提案した。そして、保証項目へ格上げするために、障害分析やプロセスの見直しを実施することを約束した。B社はその提案を受け入れ、結果的に、1年後に、情報システムの可用性に関して保証項目化することができた。

　このように、SLAは、アウトソーシング実行計画策定だけではなく、サービス開始後もサービス品質を向上させるための道具として、大いに活用するべきものである。それによって、最初に決めた契約に縛られて、委託した業務の範囲や品質が変えられないことによる柔軟性の欠如というリスクも回避できる。

(3) 第3ステップ：アウトソーシングのサービス管理

　アウトソーシング契約が完了して、実際にサービスが開始された後で

大切なことは、委託者と受託者双方が適切な管理を行うことである。それは、SLAで決めた内容を受託者が粛々と実行して委託者はその結果を確認すれば済む、という単純なものではない。お互いがwin-winの関係になるためには、アウトソーシング開始後もサービスの内容や提供体制を継続的に見直していくことが必要である。その際、参考になるのが、サービス管理という考え方である。情報システムの開発や運用業務をサービスととらえたとき、おのずとその管理の考え方も異なってくる。システムを仕様どおりに構築して、問題なく稼動させ続けることが重要であることには変わりはない。しかし、それ以上に、利用者にとってその情報システムが真に価値を生んでいるかどうかが問われる。

　ITサービス管理に関しては、ITIL（IT Infrastructure Library）が世界的に注目を集めている。これは、英国商務局（OGC: Office of Government Commerce）がまとめたベストプラクティス集である。ITILの普及促進を目的として設立されたユーザフォーラム itSMF により、改訂作業が進められて、2007年にバージョン3がリリースされた。ITILというと、システム運用管理の領域だけが強調されがちであるが、本来のサービス管理の考え方は、もっと広い概念である[11]。すなわち、ITサービス管理では、サービスがサポートしているビジネスとのリンケージを常に考慮するだけでなく、ビジネス目標に照らして、そのサービスが提供する価値を明確化することが要求される。

　サービス管理の考え方が、アウトソーシング受託者にとって有用であることはいうまでもない。サービス管理の考え方に則してサービスを提供することにより、適正なコストで利用者満足度の高いサービスを提供することが可能になるからである。一方、委託者にとっても、この考え方は参考になる。自分のビジネス価値を最大化するためにアウトソーシング会社に期待すべきことを明確にするとともに、どのようにコミュニケーションをとっていくべきかについての示唆を与えてくれる。

　このように、ITILは大いに参考になる考え方を提示してくれる。しかし、その記述は、きわめて概念的であり、それを実際のアウトソーシ

ング契約でどのように活かすかは、それぞれの当事者に任されている。ITILを参考にしつつも、最終的には、サービス委託者と受託者が協力して、適切な管理プログラムを作ることが必要である。

D社とE社は、包括的なアウトソーシング契約を締結する際に、両社が出資する情報子会社F社を設立した。F社の母体は、委託側であるD社の情報システム部門のスタッフである。このアウトソーシングスキームの中で、SLAの締結からその後のサービスレベル管理まで、E社の持つ品質管理ノウハウをF社のスタッフに伝授するためのプログラムを実施した。これによって、D社にとっては、提供されるITサービスの質の向上だけでなく、将来、再びIT業務をインソース化するという方針転換があっても、人材不足というリスクを避けることができる。

4.3 アウトソーシングを超えて

先にも述べたように、アウトソーシング市場は堅調に拡大していくと予想されている。その内訳を見ると、現時点では、コスト削減を主要な目的としたものが多数を占めている。すなわち、これまで自社で実施していた業務を、より安いコストで、同等もしくはより高い品質で提供して欲しいというのが、委託者側の一般的なニーズである。

このニーズは今後も減ることはないであろう。しかし、それに加えて、今後は、上記のような既存の業務機能の切り出しではなく、業務内容を抜本的に変えたり、さらには、新たな商品やサービスを開発したりすることを目的とした新しいタイプのアウトソーシングが増えていくと考える。すなわち、自社でカバーできない高度な専門機能をアウトソーシング会社に求めて、自社の持つ強みとの相乗効果で新たな価値を創造するというビジネスモデルである。これは、それぞれの企業体が、各自の強みを持ち寄って、業務プロセスを連携することで、1つの事業体として機能し、巨大なバリューチェーンを形成していくものである。従って、アウトソーシングと呼ぶよりは、コラボレーションと呼ぶべきかもしれ

ない。
　既存業務の単純な置き換えというタイプのアウトソーシングは、中国やインドなどへ委託するいわゆるオフショアリングがますます進むであろう。アメリカでは、オフショアリング脅威論が巷間の大勢を占めている。しかし、有識者の間では、この流れがアメリカ国内の新たな成長につながるという論調もある[12]。日本のIT業界でも、オフショアリングを脅威と見るのではなく、新たなチャンスと捕らえていく積極的な姿勢が必要である。そのためには、現状のアウトソーシングにおいても、委託者と受託者がお互いに切磋琢磨できるような枠組みを強固にしていかねばならない。いかにしてこのような協創モデルを作っていくかが、アウトソーシング提供側の立場にいる著者にとっても、大きなチャレンジである。

5. サービスサイエンスへの展開

　コンピュータサイエンスという言葉が登場したのは1950年代である。当時、コンピュータそのものをより早く知的に効率よく動かすことが研究課題であった[13]。冒頭で述べたように、これはコンピュータが人間の定型的な作業を代行するという役割から出てきた帰結である。
　時代が変わって、今、サービスサイエンスという言葉が市民権を得つつある。これは、情報システムの役割が人間の作業の代行から、人間の知的作業の支援、すなわち、サービスの提供へ変わってきたことから考えると、至極当然の流れであると感じる。ここで言うサービスとは、人間の作業の代行という意味合いも含まれるが、より広い概念として捕らえるべきである。すなわち、企業情報システムは、利用者に対して単に機能や性能を提供しているのではなく、利用者に対して何らかの価値を提供していると考えることである。情報システムがどのような価値を提供すべきかを基点として、あるべき情報システムを考えていくことこそ

が、「サービス」という単語の意味することであると筆者は考える。

　今後、企業が成長していくためには顧客や市場に対して、新たな価値を創出し続けることが求められている。その企業目標に情報システムを適合させて、統治していくためには、どうやって作るかよりも、何を作るか、さらには、なぜ作るかが重要となる。このような時代の変化に呼応して、情報工学やシステム工学だけではなく、社会学や経済学なども取り入れた新たな情報システム構築論の確立が待たれるところである。

　（本章の内容は、「成功するアウトソーシングの勘所」、情報処理、46巻5号、pp.534-539（2005）、および、「経営価値向上のための情報システム当地のアプローチ」、電気学会誌、126巻9号、pp.604-608（2006）の2つの記事に加筆・修正したものである。著作権は、それぞれ情報処理学会、電気学会が有する。）

参考文献

(1) P. Strassmann:『コンピュータの経営価値』, 日経BP出版センター（1994）
(2) N. Carr:「もはやITに戦略的価値はない」, DIAMONDハーバードビジネスレビュー, Vol.29, No.3, pp.137-148（2004）
(3) D. Farrell:「ニューエコノミーの真実」, DIAMONDハーバードビジネスレビュー, Vol.29 No.2, pp.24-35（2004）
(4) R. Kaplan and D. Norton: *The Balanced Scorecard*, Harvard Business Press（1996）
(5) R. Kaplan and D. Norton: *Strategy Map*, Harvard Business Press（2004）
(6) 薦田, 水野, 赤津:『ビジネス情報システム』, コロナ社（2005）
(7) 経済産業省:「CIOの機能と実践に関するベストプラクティス懇談会」報告書（2005）．
(http://www.meti.go.jp/press/20051221001/2-cio-set.pdf)
(8) 赤津雅晴, 薦田憲久:「情報化投資に対する効果阻害要因の分析方法」, 電気学会C部門論文誌, vol.122, no.5, pp. 753-759（2002）
(9) 経済産業省:「ITスキル標準」（2002）．
(http://www.meti.go.jp/report/data/g21226aj.html)
(10) R. Sturm, W. Morris and M. Jander: *Foundations of Service Level Management*, Sams（2000）

(11) *An Introductory Overview of ITIL*, itSMF (2004)
(12) C. Mann: "What Global Sourcing Means for U.S. IT Workers and for the U.S. Economy," *Communications of the ACM*, Vol.47, No.7, pp.33-35 (2004)
(13) P. Denning: "Is Computer Science Science ?," *Communications of the ACM*, Vol.48, No.4, pp. 27-31 (2005)

第4部　サービス提供者のシステム最適化に対する
　　　システム技術の展開

第4部では、サービス価値向上を狙って、サービス提供者側のシステムやビジネスモデルを最適化する場合に、システム技術がどのように応用されるのかに関して議論する。いわば、サービス指向のビジネスシステムの最適化である。これに対しては、システムを構成する要素をどのように組み合わせて最適化するかに関するアーキテクチャ設計と、システムの提供するサービス機能をどのように最適化するかに関するサービス機能の最適化設計の2つが両輪である。これらは、従来のビジネス情報システムにおいて活用されてきたシステム技術であり、いずれも横断型科学技術の性質を持つ。サービスサイエンスやサービスイノベーションで、こうした技術を取り上げる狙いは、サービス提供者のビジネスシステムを、顧客を含めたサービス指向のシステムとして最適化すべきであり、そのためにシステム技術を展開する必要性を示すためである。この目的に対して、第4部を以下の2つの章で構成する。

　第9章は、システム概念に立脚したサービスシステムアーキテクチャについて、永年、自律分散システムの研究開発に従事し、制御システム、情報システム、サービスシステムへの応用の実績を持つ河野が担当する。自律分散システムアーキテクチャは、サービスシステムに対して有効なアーキテクチャであり、サービスを構成する分散した知を協調させるフレームワークを提供している。自律分散概念は、システム構成のためのアーキテクチャ論と同時に、知の協調の枠組みとして応用することも有効であろう。

　第10章は、システム技術（最適化、モデリング、シミュレーション）のサービスイノベーションへの応用として、2つの事例を取り上げる。1つは、システム工学の最適化アプローチによる社会基盤サービスのサービス価値分析であり、永年、上下水システムを中心とするシステム制御分野で、最適化とシミュレーションの研究開発に携わってきた栗栖が担当する。もう1つは、ビジネスダイナミックスを活用した新サービス事業設計支援手法であり、永年、ビジネス情報システムの研究に携わってきた長岡が担当する。このような事例を通して、横断型科学技術とし

てのシステム技術がサービスシステムの設計や最適化に対しても有効に活用されることが理解できよう。

第9章 ● システム概念に立脚した
　　　　サービスシステムアーキテクチャ

河野克己

（日立製作所システム開発研究所）

　本章では、サービスシステムを対象にして、システム技術の柱の1つであるシステムアーキテクチャを横断型科学技術の観点で論じる。まず、これまでの情報サービスシステムの発展と近年のサービス工学研究の動向を踏まえ、サービス提供者と顧客との間の共創プロセスをシステムとして捉えたサービスシステムアーキテクチャの特徴を概観する。次に、情報通信技術（以下、IT）に依拠したサービスシステムアーキテクチャの現状を説明し、第2章で論じられた横断型科学技術のシステム概念と設計モデルの観点からその重要性を説明する。さらに、企業での研究開発事例を示し、今後取り組むべき方向性を述べる。

1. 情報システムにおけるシステムアーキテクチャ

1.1　システムアーキテクチャ設計の目的と対象範囲

　一般に、システムアーキテクチャとは、システム構成（Organization）に関する設計概念を意味している。システム全体の概念的な構造（Structure）ならびに機能的な動作の設計モデルであり、これにより要素間の関係付けを明確にしてシステム全体の振る舞いを示したものである。設計概念は、要求分析から実装に至るまでのシステム設計プロセスの一貫性を保障することを主要な目的としており、一般にシステムアー

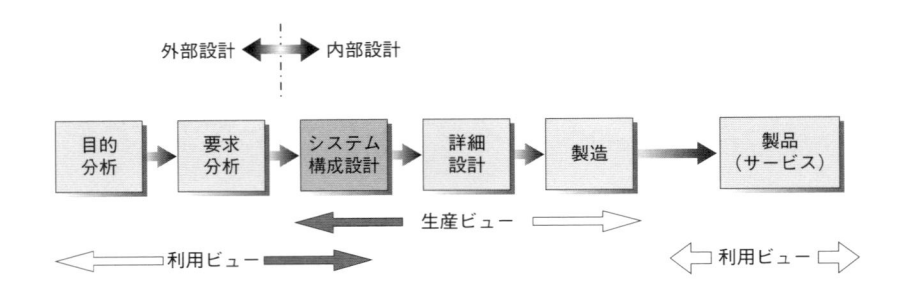

図9.1 システム開発プロセスにおけるシステム構成の位置付け

キテクチャは、設計ガイドライン、パターンや形式的モデルなどによって表現される。一般にシステムの開発は、図9.1に示すように、市場動向調査から概念設計、方式設計の手順に従って行われる[1]。システム構成（アーキテクチャ）は、この設計プロセスの中で外部設計と内部設計との間を繋ぐもの、即ち利用者と生産者の間を繋ぐ要として位置づけることができる。

システムアーキテクチャの意味するところは、工学的にシステムとして捉える対象の拡がりと共に以下のように発展している。
(1) ハードウェアシステム
　ＩＴ分野で現れる最初のアーキテクチャの定義は以下である。
Computer architecture : The attributes (functional aspect) of a system as seen by the programmer, i.e., the computational structure and functional behavior, as distinct from organization of the data flow and controls, the logic design and the physical implementation.[2] ここで、a systemとはコンピュータであり、アーキテクチャはその利用側、即ちこの場合はthe programmerから見た構成モデルである。当初、システムアーキテクチャとは、このコンピュータハードウェアアーキテクチャを指していた。

(2) ソフトウェアシステム

その後、ネットワークアーキテクチャや分散システムのソフトウェアアーキテクチャ、アプリケーションアーキテクチャへとその対象領域を拡げてゆく。例えば、IEEE Standard 1471-2000には、Software Intensive Systemのアーキテクチャとして次のような、より汎化されたシステムアーキテクチャの定義をしている。The fundamental organization of a system embodied in its components, their relationships to each other, and to the environment, and the principles guiding its design and evolution.

この定義において図9.2のConceptual Frameworkで示すように、Architecture Descriptionは利害関係者（Stakeholders）、少なくともシステムのUsers、Developers、Acquires、Maintainers、とで共有すべきとしている。システムアーキテクチャが誰のため、何のために必要なのかを明確にした定義となっている。

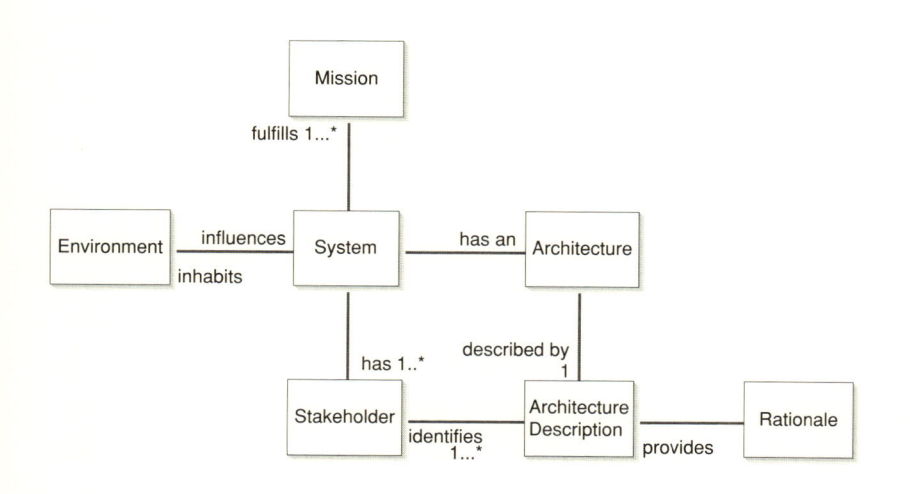

図9.2　Conceptual Framework（IEEE std.1471より抜粋）

(3) 人を含むシステム

　近年では、企業戦略に照らしてあるべき業務を考えるためのビジネス・アーキテクチャ[3]、あるいはインターネット社会の規律を技術的に「コントロールのためのアーキテクチャ[4]」などの主張がされている。前者は経済学、後者は倫理や法学の立場からの指摘である。いずれも、ITの範囲を越え、人を含むシステムのあるべき構成を論じている。こうした学術領域を越えた研究の拡がりは、時代が要請する「システムとして捉える」範囲の拡大であり、システム設計の要としてのアーキテクチャの重要性の高まりである。多くの利害関係者に対してシステム側で保証すべき事柄、即ちシステムが果たすべき責任の範囲が、従来の信頼性や拡張性などの非機能要件から、業務の全体最適化などの直接的な顧客価値の保証へと拡がってゆく流れであるといえよう。

1.2　情報サービスシステムの拡がり

　ITの範囲に限定したサービスシステムの発展は、サービス科学やサービス工学の創生に先立っている。むしろ、産業界のITに牽引されたサービス事業へ急速なシフトに後押しされ、これらのサービスの本質を追及する研究やその工学的な応用技術の重要性が主張されてきたとも言える。以下は、情報サービスシステムの典型例であり、前節1.1で述べた人を含むシステム開発の端緒となるものである。

(1) インターネットを介した情報サービス

　いわゆる、サイバー空間やインターネット社会などと呼ばれ、拡大成長している領域である。一般利用者を対象にした情報サービスである。そのサービス事業に関わる利害関係者の関係から主なビジネスモデルを整理すると、ハイパーリンクやハイパーテキストを活用した非仲介型のモデルから、情報検索を中心とする仲介型のモデルへと発展している。この発展は、これらを実現してきたITシステムのソフトウェアアーキ

テクチャの発展、即ちRequest（サービス呼び出し）とResponse（応答）を基本とするCSS（Client-Server System）から、呼び出しと応答の関係付けを仲介するBrokeringアーキテクチャへの発展の歴史と重なっている。

　その中で、特に情報検索を中心にした情報サービス事業としての成功は、ブログやmixi、SNSなどのネット社会を生み出すなど大きな影響を与えている。レッシグは、こうした社会における倫理や技術がもたらす規律からなる、人の協働の場としてのサイバー空間のあり方をアーキテクチャと呼んで論じた[4]。レッシグのこの指摘は、以降のサービスやITアーキテクチャの検討に、人を含むシステムの視点を入れることの重要性を説いたものといえよう。

(2) 企業情報システムの業務支援サービス

　企業情報システムの分野にサービス視点を持ち込んだソフトウェアアーキテクチャとして、SOA（Service Oriented Architecture）があり、以下で定義されている。

・サービス：業務を構成している、個々に完結した要素業務およびシステムを構成する要素機能に対応するソフトウェアコンポーネント。

・SOA：上記サービスの組合せで、情報システムを構築する概念。

　ここで、要素業務とは、例えば注文受付、在庫参照、納期回答などを、また要素機能とは、例えば検索やデータ転送などを指している。SOAは、企業などの組織と情報システムを対象にしたEA（Enterprise Architecture）と、EAの中核としてのビジネス・アーキテクチャ（BA）を実現するソフトウェアアーキテクチャとして位置づけられている。BAは、「ビジネス・プロセスの中にある様々な活動要素間の相互依存性や関係性のあり方」であり、ITの範囲を越えて、業務に携わる人の活動までをも含めたシステムの構成モデルである。従って、BAは、ビジネスを企業活動における顧客とのインターフェースで捉えて、その利

害関係者とその間の関係性をモデル化したシステムアーキテクチャのひとつといえる。これは、BAが直接的に顧客価値に訴求する構成モデルであることを示しており、システムの開発時には、従来のように開発者や運用者の間で共有するだけではなく、当該システムの利用者とも共有すべきモデルであることを意味している。

　藤本等は、このBAを更に広く捉えて、アーキテクチャを「客観的なシステム特性ではなく、むしろシステムのあり方についての基本的な考え方を表現したものであり、企業が創造してユーザや市場に訴求する主観的な解釈」と定義し、その事業戦略上の重要性について言及している。例えば、モジュラー型とインテグラル（摺り合わせ）型とに2分類したアーキテクチャとその組み合わせにより導出した製造業の事業戦略論など[3]が、著名である。

　SOAにおいても事業戦略の側面が議論されているが、SOAの実体は、今のところ分散オブジェクトと呼ばれるITの延長の域を出ていない。このITの根底にあるオブジェクト指向という考え方はもともと生産性向上を狙った生産ビューの論理であり、アーキテクチャとしては上記（1）で述べたCSSから仲介型への発展系の1つとなっている。WebサービスというITはSOAの1つの実装とされているが、むしろこれは上記（1）で述べたインターネット情報サービスの成功を、企業情報システムのためのSOAという設計概念に昇華させたと見ることもできる。SOAの主張するサービスとは、その実体としては利用者が呼び出すことで満足出来る事前定義のソフトウェアコンポーネントであり、現状では定型的な業務の一部にしか適用出来ないとの指摘もある[5]。

　以上で概観したシステムアーキテクチャ発展の流れは、マスとしてのユーザニーズへの対応から、サービスという名の個別ユーザニーズへの対応への拡がりである。これは、人を含むシステムに対する複数の学術領域にまたがるシステム研究の新たな挑戦であり、人のふるまいや社会のダイナミクスを取り込んだシステム構成の設計技術開発の取組みであ

る。従来のシステム工学の応用数学的なアプローチが適用しがたい面があり、第2章で述べられているシステム技術論としての新たな体系化や要素技術の再定義と関係付け自体が研究課題であろう。

2. サービスシステムアーキテクチャ開発におけるサービス工学の示唆

ITは産業界のサービス事業へのシフトを加速してきた。社会におけるサービスの重要性が益々増大する中、サービスをITだけに依拠しない科学技術としてその本質を研究する試みや、その生産性向上させる工学的な手法を探索する研究が重要となっている。価値創造のための知識活動プロセスの科学的な解明、新しいサービス事業のモデルの構築、その実現のためのシステム技術開発など、様々な取組みがなされている[6]。これらの研究は緒についたばかりではあるが、今後のサービスシステムのアーキテクチャを考えていく上での示唆となる報告がなされている。

(1) サービスの提供受容モデル──人を含む系の自律と協調

サービスが人から人へ提供され受容されるプロセスの原始モデルが、吉川により提示されている[7]。ここでは、サービスを、設計により人工物に組み込まれた機能の発現として定義しており、人の社会活動で必然的に随伴するものとしてサービスを捉える場合の基本モデルとなっている。例えば、サービス生起の遷移プロセスについて、要約すると次のようになる。

即ち、機能発現は、時間的経緯（順序、間隔）をパラメータとしており、そのプロセスは、レセプターの期待、ドナーによる設計、サービス提供、レセプターの行動、レセプターの効果、の順で遷移し、かつこれらがスパイラルに回ることによる情報循環がサービスを進化させる。

ここで、ドナーは、自己への効果や他が受容するかを意に介さずサー

ビスの提供を行い、また、レセプターは、自己の欲しいものを選択的に受容すると定義されている。ドナーやレセプターの用語は、一般的に使われるサービス提供者や利用者に相当するが、各々の自律的な振る舞いの特徴を表す言葉として使われている。

(2) サービスの設計——利用者ビューから顧客ビューへ

サービス工学は、徹底した顧客価値の視点を起点としている。サービス設計の研究は、システム工学でいえばシステムズアプローチにおける目的分析や要求分析に相当する部分を中心に行われている。例えば、下村等はこうしたサービスの設計プロセスを以下のように定義している[6]。

- 設計対象であるサービスが提供する価値を定義し、その機能構造を明らかにする。
- ここで、サービスの機能構造とは、価値提供を行うための機能とそれを実現する構造、ならびに価値提供に関与する利害関係者の相互関係ネットワークにより規定される。
- サービスは有形の物財、無形の行為の双方をその機能構造に含む。従って、サービス機能構造の設計においてはこの両者が対設計象となる。

更に下村等は、個々の受容者への依存性が高いサービス設計を有効に行うための要点として、以下を指摘している。

- 設計段階への受容者の関与。可能なら、共創による設計の実施。
- 想定する受容者のモデルの構築。
- 設計時のスコープ（サービス属性）、ビュー（受容者の状態パラメータ）、フロー（サービス連鎖）の考慮。

ここで、受容者のモデルとは、ペルソナなどの想定顧客モデルを指す。また、スコープ、ビュー、フローの3モデルは、サービスのコンテンツ（スコープ）、と利害関係者間（ビューとフロー）のモデルである。これらは上記（1）の吉川のサービス授受モデルを発展させた構成モデルと

見なせる。

　即ち、以上の(1)(2)モデルは、複数の人による協調動作を前提としたサービスシステムの構成モデルとみなすことができる。このモデルをサービスシステムのビジネスレベルでの設計モデルと見なせば、ビジネス・アーキテクチャとなりえる。また、BA実現の為のソフトウェアアーキテキチャとして見れば、マルチエージェントと呼ばれるモデルを用いたアーキテクチャとなる。これらは、少なくとも分散オブジェクトの延長にあるSOAを越えたものと言えよう。

　以上のサービスに関する特長をシステムアーキテクチャの観点から眺めてみると、以下のような示唆が得られる。

- ・利害関係者である各構成要素は、サービスの提供とその受容を如何に判断するかをそれぞれが決めるという点で、自律的である。
- ・自律した要素間の協調動作、即ちサービスの提供と受容のプロセスは、構成要素から可視化することで、サービスは変化し改善される。
- ・以上のサービスシステム全体の系は、進化プロセスとなる。

なお、ここで「進化」は、上記文献上で技術的な定義は明確ではないが、サービスを対象にした場合には、「意図せざる結果としてのシステム変異」、「市場と企業内の選択」、「ルーティン化や知識転移による保持」、といった検討が必要となろう。

3. 自律分散概念に基づいたサービスシステムアーキテクチャ開発

3.1　横断型科学技術としてのメタアーキテクチャ

　システム論は、サイバネティクスから自己組織化、オートポイエーシス等と、主に生物を理想システムの範として捉え、物理的、心理的、社

会的に普遍的に一般化できるシステム概念を学術的に立論してきた[8]。一方、システム工学や企業のシステム開発の領域では、システムの巨大化、複雑化により従来技術の限界が顕在化してゆく中で、システム概念は限界を打破する新しいパラダイム構築のためヒントとなってきた。

ITの分野では、システムやソフトウェアアーキテクチャの設計方法論や設計支援技術が存在する。それらは、実システムの開発に未だ十分でない部分があるにしろ、実学の視点から研究開発が長年進められ、一定の成果を上げてきた。しかしながら、その検討は実用面に重きをおいた即物的な面があり、システム論の学術的な成果を反映したものとは必ずしもなっていない。

本節タイトルのメタアーキテクチャは、上記の学術的な知見であるシステム概念に立脚し、特定領域に依存しないシステムのアーキテクチャを意味する筆者の造語である。横断型科学技術と実用化の技術との接点として位置づけた言葉である。これは、例えば図9.2におけるRationale、即ちアーキテクチャの妥当性を導くための原点であり、システム工学でいうところのフィロソフィー[1]として位置づけたもの

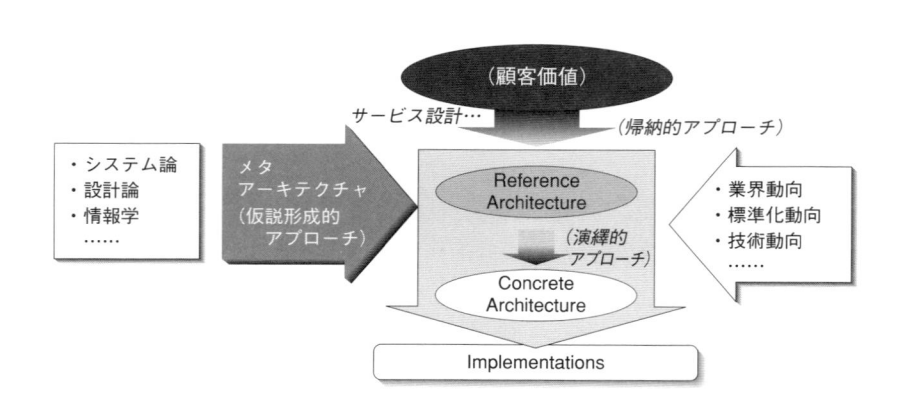

図9.3 システム概念に基づくアーキテクチャ設計アプローチ

である。このメタアーキテクチャを、一般的なシステムアーキテクチャ設計プロセスに追加した設計アプローチを図9.3に示す。Reference ArchitectureやConcrete Architectureはソフトアーキテクチャ設計で使われる言葉であり、前者はImplementation（実装）非依存、後者は実装を見通したアーキテクチャである。顧客価値からReference Architectureを導き出す帰納的アプローチは、3.1で示したサービス設計のプロセス部分に対応させている。

第2章で舩橋が示したように、横断型科学技術を、企業の立場からシステム技術の発展形とした検討を進めてきた[9]。以下では、この検討の柱の1つである自律分散システムに関する取り組み事例を上記の設計プロセスの観点から説明する。

(1) 着想

自律分散システム（Autonomous Decentralizes System、以下ADS）の工学分野での研究の発端は、1970年代に分子生物学によりもたらされた新しい生物システム観[10]に動機付けられている。新陳代謝、成長、

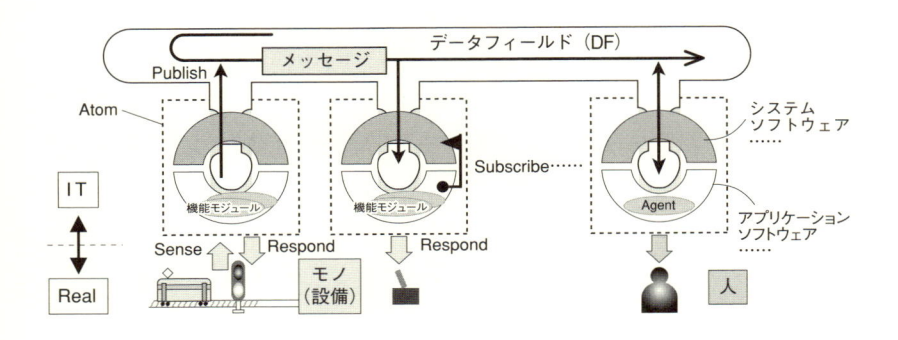

図9.4 自律分散システムアーキテクチャ

免疫などのメカニズムを細胞レベルで解明するその生命論は、当時の急速に大規模化してゆくシステムの信頼性や拡張性、保守性などを保証する新しいパラダイムであった。その最初の概念提案は、企業研究の中から生まれている[8]。マイコンの出現やネットワークの発達などの技術の進歩による分散化の流れを予想しつつ、最初に情報制御システム分野で概念の実用化が進んだ。創成期のADSのおよその概要は、以下となる。なお、技術の詳細は参考文献を参照されたい。

① システム概念[10]とメタアーキテクチャ：
- 概念：次の2つの観点からシステムを捉える。(i) 構成要素が先にあり、それらを統合したものがシステムである。(ii) システムには常態として不稼動部が内在する。
- メタアーキテクチャ：(i) 条件：構成要素は、自律可制御性と自律可協調性を有する。(ii)性質：各構成要素は均質であり、互いに平等で、局所情報のみで稼動する。

② 構成モデル[11]：（図9.4）

【Reference Architecture】
- 構造：システムは、自律したサブシステムであるアトム（Atom）と、Atom間を繋ぐための、データの流れる場であるデータフィールド（DF）から成る。
- 要素間の関係：各Atomは、独自の判断でDFから任意のデータを取込み、利用することができる。AtomはDF上の、どこに・いつ接続されても、直ちに機能でき、システム全体の構造や他アトムの位置を意識せず、各々の持つ局所的な情報だけで機能できる。各AtomはDFを介してのみ互いに連携するため、各々が独自にDFから取り込んだデータをチェックすることにより、Atom間の異常波及を各々で阻止できる。

【Concrete Architecture】
- 内容コード通信、データ駆動、機能モジュールなど、ITによる実装を見通したソフトウェアアーキテクチャ。

初期のADS適用事例の典型は鉄鋼制御システムや鉄道運行管理システムなどであり、情報制御の分野で実用化が拡がった[12]。分散制御システムの信頼性や拡張性、保守性の向上が狙いであり、システム開発で想定する当時の利害関係者にとっての価値であった。一方、当時のIT分野における高信頼化の考え方の1つである「システムの不稼動要因（Fault）を許容する」Fault Toleranceと、上記の概念が観点としている1つ「不稼動部の内在」を前提とする考え方は、合致するものであった。

（2）アーキテクチャ開発としての発展

　ADSの一般的な定義は上記（1）で示した原形より広範であり、例えば「システムの構成要素が自らの行動を環境の状態に基づいて決定することで、相互に協調し全体としての秩序とそれに伴う機能を生成するシステム」といった定義になる。自律した個の協調により、全体の目的を達成するシステムである。ここで環境とは、自律した構成要素（個）からみた、他の構成要素およびシステムの外部である。不稼動の発生は、環境の変化の特別な場合、例えば、想定を越える急な変化などと記載することで汎化できる。

　制御システム分野のADSは、巨視的には制御対象の状態をSenseしたデータに基づき算出した制御指示データを、所与のタイミングでRespondするまでの一連の処理を分散コンピューティング環境にて実現したものである。これは、ADS開発の後年に出現する、主に業務系を対象にした人間系からのRequestとそのResponse処理を基本とするCSS（Client Server System）アーキテクチャとは、その考え方や動作原理を異にしている。各Atomに必要なデータをSubscribeし、Atom間は同報通信で結んでおり、今日的な分類で言えば、サーバを介在させない、すなわちP2P（Pier To Pier）型の、PSS（Publish Subscribe System）と位置づけることができる。

3.2 自律分散概念のサービスシステムへの適用事例

ADSのアーキテクチャ設計を3.1で示した如く、メタアーキテクチャから捉えることで、その対象をモノ（設備）とモノとの関係における自律と協調から、モノと人、あるいは人と人の自律と協調にまで拡げられることが期待できる。例えば、社会システムやサービスシステムのアーキテクチャとして適用可能性が指摘されている[14, 15]。以下では、こうした可能性を追求した2つの取り組み事例を示す。ITシステムからより広い学術領域でのシステムへの拡大を目指した事例である。

【事例1: 現場情報の可視化サービス――産業システムにおける in Bサービス】

この例は、3.1（2）の構成モデルを、人への情報サービスシステムへと発展させたものである。ADSは基本共通技術の国際標準化ともあいまって、FA（Factory Automation）分野などを中心に実用化と長年の運用実績がある[16, 17]。この例は、既設の設備制御系のデータを企業の管理面で利活用に発展させたものである。

ITシステムとしては、P2P型の情報配信アーキテクチャであり、情報を活用する人とDFとのインターフェースとしてソフトウェアエージェントを設けている。ソフトウェアエージェントの内部実装は、利用側が必要に応じた設定変更（Subscribe）がオンラインで可能なデータ選択ならびに編集のためのルールと演算処理である。またデータとは、製造現場の設備制御システムの機能モジュールが発生する制御データ（現場データ）である。

生産計画や設備の運用保守といった、市場や製造現場の多様かつ頻繁な状況変化への即応が求められる業務に関わる人への情報サービスである。サービスの受容、すなわち情報の選択は利用側で判断させる仕組みとなっている。従来システムのような、管理目的対応で設計されたデータベースは用いていない。

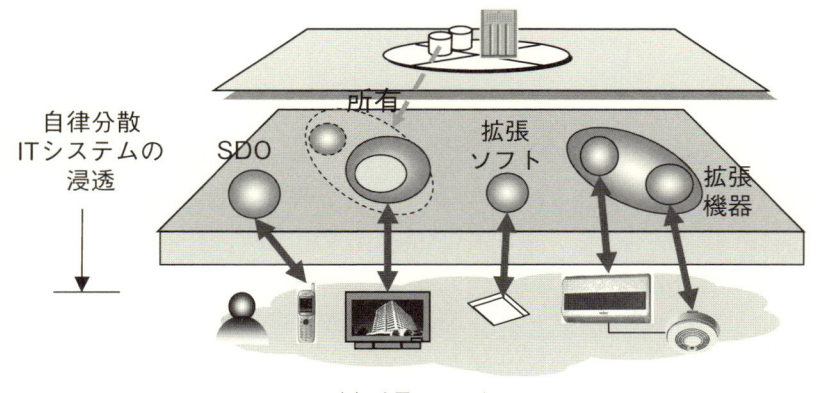

(a) 適用イメージ

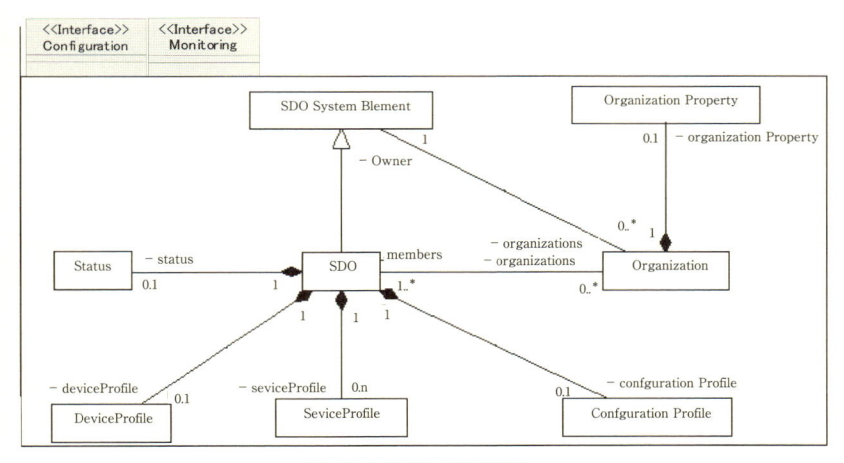

(b) UML記述によるモデル

図9.5 超分散オブジェクト（SDO）

　サービスする情報の源となる現場データの設計は、現場の設備や人の作業モデルから顧客自身が行っている。FOA（Flow Oriented Approach）[18]と呼ばれるその設計アプローチは、人へのサービス設計のアプローチであるともいえよう。

【事例2：ユビキタス情報サービス——社会システムにおけるＢ to Ｃサービス】

　ユビキタス情報社会の到来を想定し、上記事例1の実績も踏まえて発展させた取組みである。電子タグやセンサーネット、携帯端末、情報家電などユビキタス機器と呼ばれるデバイスを活用した環境適応サービス（Context Aware Service）を目指した取組みである[19]。Contextとは、顧客とその周辺環境、ならびにIT資源に関わるT. P. O.（Time, Place, Occasion）に関する情報であり、その人、その時、その場所ならではのサービス提供を狙いとするものである。

　ITシステムとしては、事例1の人との仲介としてのソフトウェアエージェントに加えて、超分散オブジェクト（SDO）[19]と呼ばれる要素を導入したシステムのアーキテクチャとなっている。SDOの適用イメージとUML（United Modeling Language）で記述したクラス図を図9.5に示す。SDOは、再帰構造を持つ汎化オブジェクトモデルであり、サービス担体としてのモノ（例えば、センサやアクチュエータなどのデバイス）を、利用ビューから見たサービスごとの動的な組み合わせを表現することができるハードウェアならびにソフトウェアの両方の要素をモデル化したものである。また、ソフトウェアエージェントは、移動型のエージェントであり、人とSDO、人と人との仲介機能を有するものである。

　上記2つの事例全体のアーキテクチャをまとめると、図9.6となる。
　人の協働を支えるITシステムは、従来ADSを包含して拡張されたアーキテクチャとなっている。人も含めたサービスシステム全体は、ADSのメタアーキテクチャから敷衍したものである。

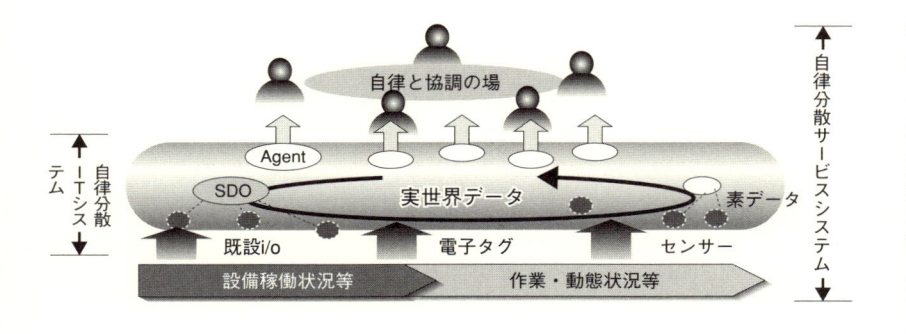

図9.6 知と協調の枠組み展望

4. 社会システムのサービス化に向けて

顧客価値の最大化を目指して、社会システムのサービス化は今後ますます加速するであろう。本章の議論のまとめとして、今後の社会システムアーキテクチャ開発の方向性を述べる。

(1) サービス連携とSoS化の進行

社会インフラの新サービス事業の成功例として、電子自動改札が知られている。このサービスは、本業の鉄道運輸サービスを構成する様々な要素サービスとの強化を繰り返して発展している。こうしたサービス連携を生み出す元々の各サービス要素は、各々独立性高く開発された既存システムに依拠している。複数の各自律したシステムが連携して1つのシステムを構成するシステムを、超システム（SoS: System of Systems）[20]と呼ぶが、社会システムのサービス化はSoS化を伴うサービス連携とその進化が1つの特徴となろう。

ITシステムのライフサイクルを越えて存在する、こうした社会システムのアーキテクチャ設計では、上流のサービス設計と共に、システム概念とメタアーキテクチャの重要性はますます大きくなると考える。

(2) ITによる加速

サービス化はITが加速する。IT分野でのアーキテクチャ設計では、従来の指針書やパターンを用いる方法だけではなく、形式論的手法の検討がなされている。概念的な曖昧さを取り払い、設計の専門家が有する包括的な知識を形式知化して利害関係者で共有するための試みである。例えば、その1つであるMDE（Model Driven Engineering）[20]は、今後本章で述べたサービス設計まで視野に入れることが必要となろう。また、本章で紹介したSDOは、サービス担体としてハードウェアとソフトウェア両方のモデルであったが、UMLを、ハードウェアを含むトータルシステム設計にも使えるように拡張したSysMLなどツールは、サービス設計においても開発や活用が必要となろう。

参考文献

(1) 三浦武雄:『現代システム工学概論（改訂2版）』, オーム社（1993）
(2) 中澤喜三郎:『計算機アーキテクチャと構成方式』, 朝倉書店（1996）
(3) 藤本隆弘 編:『ビジネス・アーキテクチャ』, 有斐閣（2001）
(4) ローレンス・レッシグ（山形　柏木訳）:『インターネットの合法・違法・プライバシー（CODE and other laws of Cyberspace）』, 翔泳社　（2001）
(5) H. Chesbrough and J. Spohrer: "A Research Manifest for Service Science", Communication of the ACM, Vol.49, No.7, pp.35-40, July　（2006）
(6) 内藤耕　編:『サービス工学入門』, 東京大学出版（2009）
(7) 吉川弘之:『サービス工学序説──サービスを科学的に扱うための枠組み─』, Syntheosiology, Vol.1, No.2, pp.111-122（2008）
(8) 河村英夫:『オートポイエーシス──第三世代システム』, 青土社（1995）
(9) 舩橋誠壽, 小坂満隆, 本間弘一:「企業における横断型科学技術の重要性」, 計測と制御, Vol.42, No.3, pp.215-221（2003）
(10) 石井威望:「分子生物学とシステム工学」, 電気学会誌, Vol.102, No.1, pp. 42-45（1970）
(11) 森欣司, 井原廣一:「自律分散概念の提案」, 電気学会C部門論文誌, Vol.104, No.12, pp.15-22（1984）
(12) 河野克己:「自律分散システム」, 情報処理, Vol.36, No.11, pp.1054-1061（1995）
(13) M. Funabashi, K. Kawano, S. Sameshima and H. Katou: "Evolution of

Autonomous Decentralized Systems for Information and Control", *SICE Journal of Control, Measurement and System Integration*, Vol.1, No.3, pp.184-191 (2008)

(14) Y.Takeda: "Autonomous Decentralization of Society Structures and Information Systems", Computer Software & Applications Conference (compsac96), Keynote Address, pp.228-232 (1996)

(15) H.Kuwahara: "Experience Teach Us the Future of Autonomous Decentralized Systems", International Symposium of Autonomous Decentralized Systems (ISADS97), Keynote Address, pp.169-175 (1997)

(16) K. Kawano, S. Sameshima, and Y. Adachi: "An Autonomous Manufacturing System Architecture and its Trends for De-fact Standards", in *Proc. of 1999 IEEE International Conference on Systems, Man and Cybernetics* (SMC 99), pp.VI-422-VI-427 (1999)

(17) M. Oku, M. Omura, J. Kann, M. Perrone, and M. Roth: "Hi-Cell Architecture and the project Model for Manufacturing ADS", in *Proc. of the 1st International Symposium on Autonomous Decentralized System* (ISADS 93), pp. 398-405 (1993).

(18) 奥雅春:「問題健在化力をさらに高める生産現場の情報武装化」, IEレビュー, Vol.47, No.2, pp.6-11 (2006)

(19) 鮫嶋茂稔, 河野克己, 新誠一:「環境適応サービスを狙いとした超分散オブジェクトモデルと自律プラグアンドプレイ方式」, 電気学会C部門論文誌, Vol.124, No.1, pp.64-72 (2004)

(20) オブジェクトテクノロジー研究所:『モデル駆動組込みシステム開発と標準化の現状, 2008-2009』, (2008)

第10章 ● システム技術（最適化、モデリング、シミュレーション）のサービスイノベーションへの応用

栗栖宏光・長岡晴子
（日立製作所システム開発研究所）

1. はじめに

　世界的なサービス経済化の潮流を背景に、サービスを科学的・工学的に捉えようとする動きが活発化している。そこには、次のような問題意識がある。先進国の第3次産業の生産高の比率は70％以上となっており、生産性向上が重要になってきているにもかかわらず、それに対する対策がこれまでほとんどなされていない。第2次産業の代表格である製造業では、いくら良いものを作ってもなかなか売れないという危機感がある。これに対して、所有から利用へとサービス価値をうまく定義あるいは創造し、提供することによって、事業収益を改善する動きがある。「所有」型から「利用」型へと事業内容をサービス化していくにあたり、サービス品質とサービス生産性の関係、サービス事業としての事業性の評価、などの様々な課題が生じてくる。こうしたサービス化に対する課題をシステム技術によって解決しようというのが本章の狙いである。最適化、モデリング、シミュレーションといったシステム技術をサービス化における課題解決に適用することの有効性を2つの事例を通して示すことにする。

　1つは、システム工学分野で様々な応用に適用されてきた探索・最適化論を、サービス設計に展開し、サービス生産性向上に適用する。この考え方を、水サービス事業などの社会基盤サービスを対象にして、サー

ビス設計における最適化がどのようなものかを検討し、具体的な事例を紹介することでサービス分野においても最適化の方法論が有効であることを示す。もう1つは、新サービス事業を創生するときの事業性の評価を、モデリング&シミュレーション技術を使って行う例である。具体的には、新サービス事業を起こそうとしたときに直面する課題を整理し、その解決策としてビジネス・ダイナミクスを活用した手法を述べ、その適用事例についても紹介する。

システム技術は、目的志向の問題解決方法論を提供しており、最適化、モデリング、シミュレーションだけでなく、様々な技術がある。ここで示した2つの事例は、システム技術をサービスイノベーションに適用することの有効性を示唆している。

2. システム工学の最適化アプローチの社会基盤サービスへの適用

2.1 サービス設計における探索・最適化論

(1) サービス設計について

サービス設計とは、サービス価値を創造して、効率よく提供していくにはどうすればよいか、という問題である。ここでは、サービスをモノに相対する概念として捉える。すなわち、モノづくりに対するサービス提供、製造業に対するサービス事業のように、製造業との対比でサービス業を捉えることにする。

製造業では、良い製品をつくるために品質管理を徹底し、このためのTQM (Total Quality Management) という考え方がある。また、製品を効率よく決められた計画に従って製造するために生産管理があり、製品を効率よく提供するために調達・生産・販売を一括で管理するというSCM (Supply Chain Management) がある。そして、品質・スループッ

ト・コストといった客観的かつ定量的な指標があり、これらの指標を最適化するように最もよい仕組みを考えていく、つまり最適化するための工学的手法の整備がなされている。

　それに対してサービス業はどうであろうか？　同様のアプローチが通用するのであろうか？　サービス業では、これを阻む要因として、モノとサービスの違いである生産と消費の同時性という特性がある。TQMや生産管理は、消費とは切り離して生産プロセスのみを対象としている。ところが、サービスでは消費プロセスを通じて初めて品質が決まるため、生産と消費を分離することができない。このため、サービスでは販売プロセス自体がサービスそのものに含まれていると考えられ、サービス仕様の設計と不可分である。

　製品の品質を維持し、それらを効率よく生産し、それを提供する、というようにそれぞれの業務の最適化を考えることができた製造業とは異なり、サービス業ではそれらを渾然一体となったものとして扱わざるを得ない。サービス設計は、良いサービスを効率よく提供することを目的にして、サービスを構成する要素の全体のあり方を同時に考えることが必要である。このようなサービス設計は、製造業でのアプローチを直接応用できないので、サービス設計特有の探索・最適化論が必要とされるのである。

(2) サービス品質に関わる重要概念

　まず、T. Rust氏とL. Oliver氏によって示された見解[1]に従って、良いサービスとはどういうことか？　何がその良し悪しに影響するのか？　というサービス品質管理の概念について紹介する。これは、現代サービスマーケティング論の1つであり、サービス品質は主観的な概念であり、効果的な品質管理の本質は、顧客が品質についてどう考えるのかを理解することであるという立場をとっている。そして、サービス品質にとって最も重要な概念が、顧客満足、サービス品質、顧客価値、の3つであるとしている。

(a) 顧客満足

満足そもそもの意味は充足している状態である。しかし、もっと広義に解釈して、顧客満足を顧客の経験により生じるものと捉える。そうすると顧客満足は、状態とプロセスとして表現される。状態は、仕様通りであるという「安心」、期待以上であったという「驚き」、娯楽などに典型される「喜び」、苦痛や心配からの「解放感」、といったように単なる「充足感」にとどまらない。そして、顧客満足は、2段階のプロセスを経て形成される。最初に、何らかのきっかけによる期待の形成という段階があり、続いて、その期待と実際の結果との比較による評価の段階となる。期待と実際の開きが大きい程、「驚き」や「喜び」といった大きな満足が得られるのである。

(b) サービス品質

サービス品質は、顧客満足に類似する概念であるが、顧客満足に比べると明確な評価軸を用いて表現できる。これに対して顧客満足は、サービス品質のように明確な評価基準がない。たとえばレストランのサービスを例にとると、ウェーターの接客やメニューの多彩さは明らかにサービス品質の評価軸である。ところが、駐車場やクレジットカード精算処理でのトラブルは本来のサービス内容とは無関係であり、たとえレストラン側の管理外であったとしても顧客満足度をさげてしまう要因になる。また、サービス品質が低くても顧客の満足度は高いということもある。品質が低くあまり大した期待をしていなかったのだが、求めていた通りにうまくいったときには、高い満足感を得る。反対に、高いサービス品質であっても事前に期待したレベルに達しなければ満足度は低い。このように、サービス品質が顧客満足に及ぼす影響は、実際にサービス行為がなされた状況によって決まってくる。

(c) 顧客価値

顧客価値はサービス品質と価格の双方から形成される概念である。顧

客は、品質の関数である効用曲線と価格の関数として非効用曲線を持っており、効用から非効用を差し引いたものが顧客価値であるといえる。一般に、効用曲線は逓減型の関数で示され、非効用曲線は加速度型の形状の関数として示される。そして、顧客価値が、サービス品質と同様に顧客満足を形成する要素の1つである。

以上の現代サービスマーケティング論で示されたサービス品質に関する重要概念の相互関係を整理したものが、図10.1である。この図に示すように、顧客満足は、サービス品質と顧客価値に依存する。そして、品質や価値にもよらない要因によっても影響され、それらは実際にそのサービス行為がなされた状況で決まる要因である。こうした要因は、いずれも事前期待との相違に関係する。一方、顧客価値はサービス品質と価格から決まる効用と関係する。良いサービスを提供するには、これらの関係を考慮しつつ、顧客満足、サービス品質、顧客価値を高めていくようにサービス設計をしなければならない。

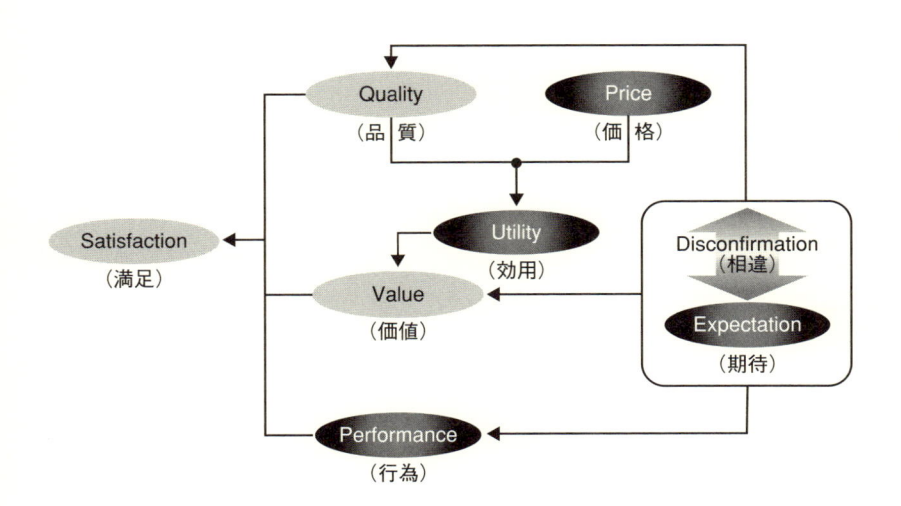

図10.1 顧客満足、顧客価値、サービス品質の関係

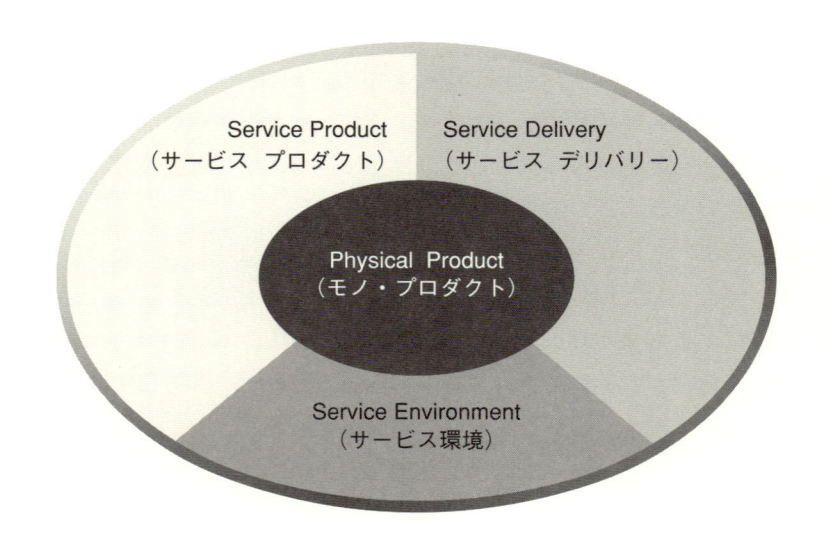

図10.2　サービス品質の構成要素
(Rust & Oliver[1] P.11、図1.3より引用)

(3) サービス品質の構造

現代サービスマーケティング論に従うと、サービス品質は図10.2に示すようにモノとサービスに関する3つの主要な要素で構成される。

(0) モノ・プロダクト

　サービスに付随するモノ部分である。この部分が存在しない、純粋なサービスのみの場合もある。また、一般にモノ製品と考えられている製品であっても、3つのサービス要素は常に存在している。

(1) サービス・プロダクト

　サービスの特徴や仕様の定義部分であり、品質管理上の重要な判断ポイントとなる。サービス・プロダクトの設計は、モノ・プロダクトの設計とは異なる。例えば、保険サービスにおける補償項目などがこの部分に相当する。

(2) サービス環境

　実際にサービスがなされる場である。非常に多次元な要素を含んでいるが、これらは大きく、内的環境と外的環境に大別することができる。内的環境は、サービス事業体の組織文化などである。一方、外的環境は、場のお膳立てとして物理的に表れるもので、サービスのインフラやキャパシティ整備などが含まれる。

(3) サービス・デリバリー

　デリバリーのプロセスは、実際のサービス行為であり、演技や脚本のようなものである。顧客の事前期待は、この部分に対してであり、その期待内容そのものや実際のサービス行為との相違が、リピートやクレームといったサービスに対する事後の顧客のふるまいに影響を及ぼす。

　これら3つの要素は、サービス品質を管理するために、計測や監視を行う対象であり、システム工学分野で最適化を行うときのパラメータに対応し、観測データの収集やパラメータの最適化の対象となる部分である。

2.2　サービス設計の最適化アプローチ

　顧客満足、サービス品質、顧客価値という概念は、最終的にサービスが評価される基準であり、システム工学の最適化における目的関数に相当する。また、サービス品質の構成要素は、システム工学における操作可能なシステムへの入力変数とみなすことができる。システム工学の最適化の考え方に従えば、操作可能な入力変数のバリエーションによって設計すべきサービス候補の探索範囲が想定され、目的関数を評価することによって最適なサービスが選択されるということになる。

　しかし、サービス設計の最適化では、サービス品質はそもそも主観的な概念であるという前提での定性的な分析を必要とし、システム工学のように客観性を重視した定量的な探索・最適化手法との距離感は否定で

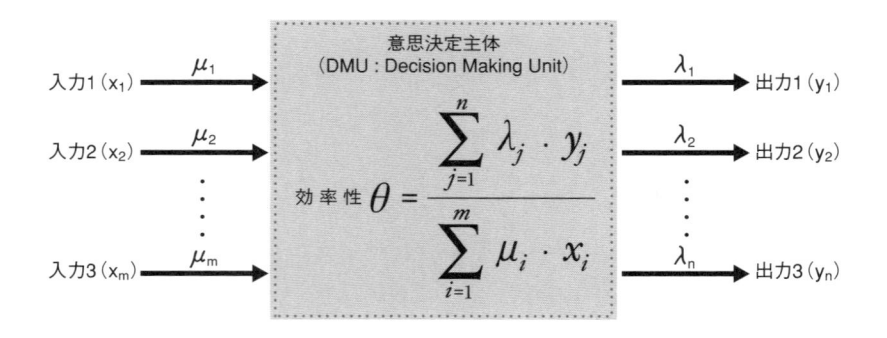

$$\text{効率性 } \theta = \frac{\sum_{j=1}^{n} \lambda_j \cdot y_j}{\sum_{i=1}^{m} \mu_i \cdot x_i}$$

図10.3　DMUモデル

きない。そこで、そのギャップを埋める一つの試みとして、DEA法（包絡分析法）の適用を検討する。DEA法は、事業体などの意思決定主体の効率性を相対的に評価する手法である[2]。DEA法では、図10.3に示すように、意思決定主体（DMU）を多入力・多出力の関数とみなす。入力は事業に必要となる投入、出力は事業体としての産出である。効率性は、（出力の加重和）／（入力の加重和）で評価する。このとき、入出力の加重和における係数はそれぞれのDMUにとっての効率性を最大化するように、つまりそれぞれの事業体にとって最も有利になるように決定する。1入力2出力の例をとって幾何学的イメージで表現したものが、図10.4である。1入力2出力の場合、入力に対するそれぞれの出力の比が、各事業体についてプロットされている。この比が大きいほど効率的と言える。例えば、A事業体は出力2の生産性に優れ、D事業体は出力1の生産性に優れている。しかし、包絡分析法による評価では、事業体A、B、C、D、いずれも優れているとし、これらを結んで形成される境界を効率的フロンティアとする。これに対して、事業体E、F、Gは、明らかにこれらの境界に達しておらず効率性で劣るという評価となる。効率的フロンティアは、これらの事業体にとっての最適化の目標となる

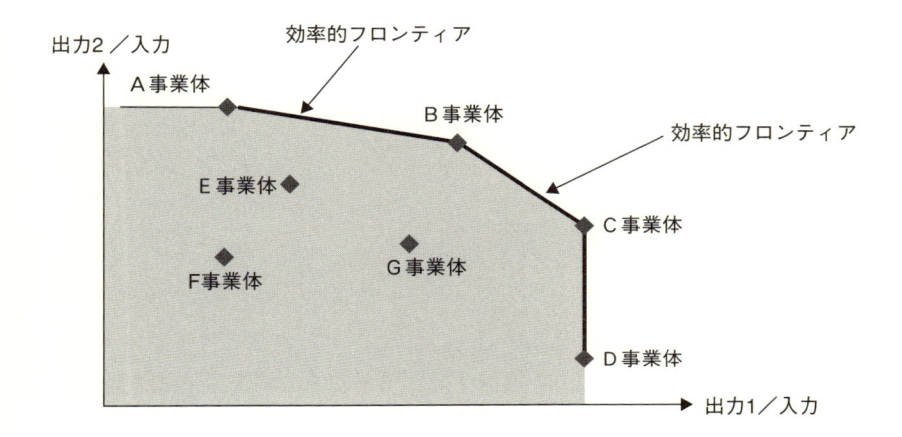

図10.4 DEA法による効率性分析

が、その方向は一意ではない。事業体 A、B、C、D のいずれを参考の手本にして改善を進めるかに依存することになる。

サービス設計にシステム工学的手法を導入し、サービス品質向上を体系的に検討するために、事業体をサービスに置き換えて DEA 法を適用する。すなわち、サービス品質の構成要素を入力とし、サービス品質に関する3つの重要概念を出力として、DEA 法によって効率性を分析して、サービス設計を最適化する。

2.3 社会基盤サービス設計における探索・最適化論

社会基盤サービスは、日常生活及び社会生活を営むために必要な基本的な要求に応えるサービスであり、その性質上、公共事業体が提供することが多いが、電力や鉄道のように民間が担うものも少なからず存在している。広く万人が利用するユニバーサル性が強く、常時利用している、ライフラインとも称されるようなもの、すなわち、上下水サービス、交

通サービスなどが、ここで対象とする社会基盤サービスである。これらのサービスに対する要求は、嗜好の多様性は少ないが、利便性や快適性は重視されている。また、必ずしも事業利益率でサービスの優劣を測れるものではない。典型的な社会基盤サービスとして、水道、電力、通信、鉄道を挙げ、2.2で示したアプローチの適用可能性を検討する。

表10.1は、サービス品質管理項目とそれぞれのサービスとの対応を示したものである。モノ・プロダクトは、物理的な提供物であり、電気やコンテンツ（情報）もこれらに近い概念とみなせる。サービス・プロダクトは、提供するサービス内容を規定する仕様である。水道・電力・情報通信においては、ライフラインとして絶え間ない可用性を提供することであり、サービス品質管理項目としては、供給水量や電力量や通信容量の上限などが用いられる。鉄道では、営業路線上の任意の2点間を定められた時間内で移動できることであり、サービス品質管理項目としては、例えば最大所要時間などがある。サービス・デリバリーは、実際のサービス行為であるから、社会基盤サービスにおいては、運用の信頼性や安定性が対応する。サービス環境は、営業所やコールセンタなど実際に利用者にとって直接的に感じられる対象が相当する。通信における端末、鉄道における駅舎や車両もサービス環境に相当するものである。

表10.1　サービス品質の構成要素

サービス品質構成要素	水道	電力	情報通信	鉄道
モノプロダクト	水	電気	コンテンツ	—
サービスプロダクト	可用性を提供すること	可用性を提供すること	通信手段を提供すること	移動手段を提供すること
サービスデリバリ	管網運用	電力網運用	通信網運用	運行管理
サービス環境	営業所・コールセンタ	営業所・コールセンタ	端末・営業所・コールセンタ	駅舎・車両

このように、社会基盤サービスの代表事例において、サービス品質の構成要素に具体的な項目や対象を対応づけることが可能である。

モノ・プロダクトにおける製品の品質管理やサービス・プロダクトにおけるサービス管理については、それ単独で見れば、従来から品質と信頼性の向上に向けた最適化の努力がなされてきた。ところが、これらはサービス提供者側の論理に陥りがちであり、不断の努力を積み重ねてきたにも関わらず、住民や利用者の支持を受けられなかったりすることが多々起きている。これは、顧客満足や顧客価値といった顧客からの視点が重視されていなかったからではないだろうか？ サービス設計の探索・最適化論では、顧客満足や顧客価値を目的関数とみなすことで、こうした問題の解決を図ることができる。

2.4 水道サービス事業の新しい最適化への適用

ここでは、水道サービス事業の具体的な問題に対するサービス品質を議論する。

国内水道事業体は、これから数年で管路をはじめとする膨大な設備資産の更新費用負担の増大が見込まれている。一方で、少子高齢化に伴う水需要の減少で料金収入の増加が見込めない状況にあり、厳しい事業環境となっている。この背景には、市町村営による小規模事業体が多いことがあると指摘されている。施設更新の外、専門技術の継承への費用捻出も困難になりつつあるという問題もある。これに対する対策案として、広域化と官民連携の推進がある[3]。特に、広域化による経営効率化の問題は、水道サービス事業の再設計ということができ、サービス設計の探索・最適化論の対象となりえる問題である。

水道の事業効率性の問題については、これまでにもDEA法による検討事例がある[4]。これは、水道事業を3入力1出力の事業体として効率性を分析しており、この分析で入出力としているのは、生産物とそれに必要な財であり、製造業としての効率性評価となっている。評価は、関

西地区230の水業事業体を対象に実施され、効率的フロンティア上にある事業体の効率性を1としたときに、それ以外の事業体の効率性平均が0.45となり、効率性改善の余地が十分にあると結論づけている。この分析は、現在の水道事業体のおかれた状況のある側面を捉えているが、サービス業としての評価はなされていない。現に、広域化の動きに対しては、効率性偏重によるサービス低下を懸念する住民の声が少なからずある。

　一方で、水道事業をサービス的側面まで含めて評価しようとする努力もなされている。(社)日本水道協会が全国の水道事業者を対象として2005年1月に制定した水道事業ガイドライン[5]である。ここでは、業務指標（Performance Indicator）が設定されており、水道事業の施設能力だけでなく、消費者ニーズや顧客対応能力など、水道事業全般にわたる内容が数値化され、客観的な分析を可能としている。表10.2に評価項目の構成を示す。これらの水道業務指標は、幅広く総合的な評価指標となっており、定量的な計量ができる。そこで、サービス設計の最適化を図るDEA分析の入出力項目としてこの業務指標を用いることによって、総合的な評価と改善方策を明らかにすることができる（図10.5）。実際、消費者ニーズに関する業務指標は、出力側のサービス品質に関して、顧客満足、サービス品質、顧客価値に非常に近い指標を含んでいる。これによって、先行事例にある水の製造業としての効率性評価とは異なり、水道サービス事業としての評価分析が可能になる。さらに、広域化による効率性分析についても、政令指定都市級の事業体と広域統合化した仮想の事業体との比較結果を示せば、統合効果を明確にした、より説得性のある設計指針を示すことが可能になろう。

表10.2 水道事業に対する評価指標

安心	水資源の保全 (5)
	水源から給水栓までの水質管理 (17)
安定	連続した水道水の供給 (8)
	将来への備え (7)
	リスクの管理 (18)
持続	地域特性にあった運営基盤の強化 (27)
	水道文化・技術の継承と発展 (12)
	消費者ニーズをふまえた給水サービスの充実 (10)
環境	地球温暖化防止、環境保全などの推進 (6)
	健全な水循環 (1)
管理	適正な実行・業務運営 (9)
	適正な維持管理 (15)
国際	技術の移転 (1)
	国際機関、諸国との交流 (1)

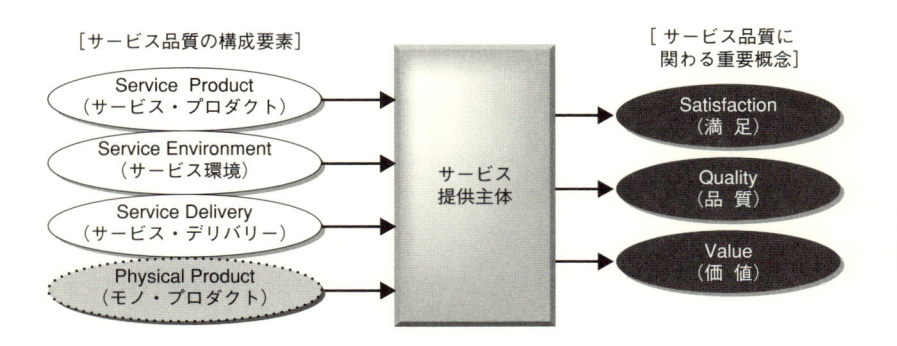

[サービス品質の構成要素]
- Service Product（サービス・プロダクト）
- Service Environment（サービス環境）
- Service Delivery（サービス・デリバリー）
- Physical Product（モノ・プロダクト）

サービス提供主体

[サービス品質に関わる重要概念]
- Satisfaction（満足）
- Quality（品質）
- Value（価値）

図10.5 サービス設計の最適化

3. ビジネス・ダイナミクスを活用した新サービス事業設計支援手法

3.1 新サービス事業設計における課題

(1) 新サービス事業創生に対するニーズと課題

　産業界ではサービスイノベーションの種を見出そうとする動きが活性化している。サービスイノベーションを起こすには、自社の強みリソースに付加価値を加え、有効活用できる事業形態を見出せるか否かが鍵となる。JRのSuica事業は、事業スタート当初の目的は、チケットの利便性向上やキセル防止であった。この事業は従来紙で対応していた乗車券を電子化したことで十分目的を果たしているが、それだけに留まらず、決済処理の高速性や決済時の煩雑さの排除といった電子化による利点を利用して、電子マネーやポイントサービスの付加価値としてグループ内外の流通サービスのインフラへ広く展開している。

　こうしたサービスイノベーションを狙った新事業は、成功した場合、企業にとってのアドバンテージは非常に大きい。しかし、未体験の事業は既存事業よりもリスクが高いため、事業設計を誤った場合の企業に対するダメージは非常に大きく、最悪の場合、既存事業のイメージまでも影響を受けかねない。新サービス事業を起こす際には、自社の強みを中長期的に維持できる環境下にあるか等の見極めが重要であるが、これらの事業推進条件は外部環境の変化による影響が大きく、特に経験の少ない事業分野の場合、その見極めが困難になる。企業は一般に確実性の低い事業を排除するため、そのような傾向のなかでサービスイノベーションを起こすには、関係者や社内稟議者との交渉において、次の項目についていかに納得性の高い情報を提供できるかが鍵となる。

　① 客観的かつ網羅的な不確定要素の洗い出しとその影響度
　② サービス設計（提供条件、市場投入タイミング等）の妥当性

(2) サービス事業評価に関する従来手法

　新たな事業へ取り組む場合、企業はその事業の中長期的な事業性を評価する。事業性評価手法はこれまで数多く公表されており、各企業において多様な手法が採用されている[6]。ベーシックな手法・指標としては、回収期間（ペイバック）法やNPV（現在正味価値）、IRR（内部利益率）がある。回収期間法は、投資金額が何年で回収するかを計算し、その期間が基準値より短ければ投資対象とするという考えである。しかし、基準とする期間設定の妥当性が曖昧という指摘も多く、近年ではNPVやIRRを指標として用いる企業が増えている。NPVは、特定期間のDCF（Discount Cash Flow）の総和から総投資額を差し引いた金額を指し、NPVがプラスであれば、事業性があると判断するものである。また、IRRは、NPVがゼロになる際の割引率を示し、IRRが資本コストより大きければ投資価値があると判断される。

　しかし、これらの考え方も不確実性の高い事業環境下では、毎年のキャッシュフローや割引率の見込み、妥当な評価期間の設定が非常に困難となるため、単体では信頼度の高い結果を得難く、複数の指標を合わせて評価するケースが多い。

　1970年代後半には、不確実性を考慮した手法が登場している。MITスローンスクールのS. C. Myers教授が提唱した金融工学分野のリアルオプションアプローチがそれに当たる。これは、リスクが高い事業に対して、将来の投資タイミングや市場投入タイミングなどの場面において直面する複数の選択肢（実施・延期・中止など）の存在や自由度を価値とみなし、将来の期待利益とリスクを加味して定量化するものである。また、経営コンサルティング会社のデシジョンマインド社では、収益ドライバーとリスクドライバーをベースとした事業性分析手法を提唱している。これは、事業性をNPVのみで評価するのではなく、全ての不確定要素に対してシナリオ分析を行うことで、収益またはリスクをドライブする大きな要因となるかを見出し、戦略をより洗練化していくという考えである。しかし、不確定要素やリスクを評価する手法は非常に有用

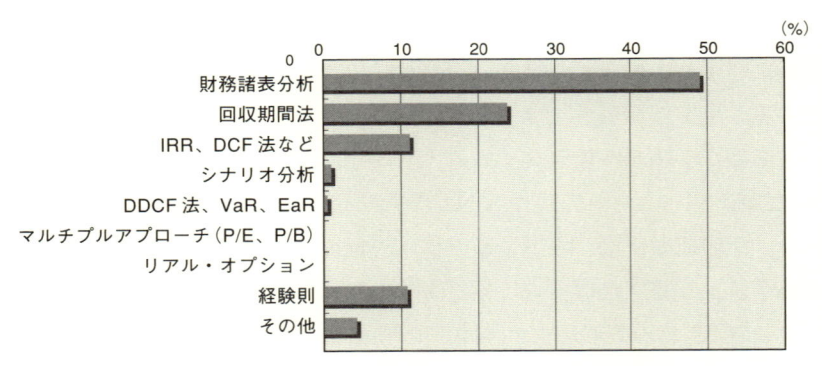

```
                              (%)
              0   10  20  30  40  50  60
財務諸表分析    ████████████████████████
回収期間法      ████████████
IRR、DCF法など  █████
シナリオ分析    █
DDCF法、VaR、EaR
マルチプルアプローチ(P/E、P/B)
リアル・オプション
経験則          ██████
その他          ██
```

IRR ： 内部利益率、DCF：Discount Cash Flow、DDCF：Dynamic DCF
VaR ： Value at Risk、EaR：Earning at Risk、P/E：株価収益率、P/B：株価純資産倍率
資料)経済産業省「設備投資調査(2002.7)」を元に作成(%)

図10.6　日本企業が採用する事業性評価手法

であるにも関わらず、日本企業では積極的には使われていないのが実情である（図10.6）。

3.2　ビジネス・ダイナミクスを活用した新事業設計支援手法

　新事業でのサービス設計で最も厄介なのは、不確定要素が多いこと、また、その不確定要素の影響度の見極めが難しいことにある。ここでは、ビジネス・ダイナミクス技法の特徴を活用したサービス事業への影響要素の見極め方法、および、事業性の定量評価によるサービス設計案の妥当性評価を行う手法について述べる。

(1) ビジネス・ダイナミクスとは

　ビジネス・ダイナミクス（BD）は、事象をシステムとしてとらえ、そのシステムにおける複雑かつ相互依存的な動きを図式でモデリングし、シミュレーションによって問題解決に導く手法である。MITスロ

ーン経営大学院のJ. Forresterにより創始された理論であり、元々防衛系システムの制御に適用されていた理論を社会系の問題に適用したものである[7]。当初は企業の行動をシミュレーションするためインダストリアルダイナミクスという名称で開発され、後にシステムダイナミクスとして知られるようになったが、当時はダイナモ方程式を駆使したことによる専門家以外への分かりにくさや、コンピュータの処理能力の限界のために、その有用性を十分に表現できなかった。しかし、近年になって、ビジネスにおける問題解決や経営戦略モデリングに有用な手法として欧米の大手企業等で応用され始め、その中で"ビジネス・ダイナミクス"として適用範囲を広めている[8, 9]。ここでも、適用先をビジネスマネジメントに特化しているため、BDという名称を用いている。

BDは①システムシンキング、②SDモデリングの2つの考え方を基盤とする。

① システムシンキング

事象（社会システム）の要素間の因果関係をグラフ化し、その構造から事象の特徴や、構造のどこに働きかけることが有効かつ持続的な変化につなげることができるか（レバレッジ）を把握するなど、定性的な分析を行うための考え方である。ここで用いられるCausal Loop Diagram（CLD）という表記法は、「フィードバック」と「遅れ」の事象を表現できることを特徴としている。

CLDは、因果関係を示す要素間を同期リンク（一方を上昇／増加させるともう一方も上昇／増加する関係）と非同期リンク（一方が上昇／増加するともう一方が下降／減少する関係）で結んだ有向グラフで表現する。この中からループ状になる構造（フィードバック）を見つけ、そのループが拡張ループ（成長／衰退が拡張的に起こる事象）かバランスループ（成長／衰退がある一定までくると収斂する事象）かを見極めることで、全体の事象の時間的推移によるふるまいの特徴を知ることができる。

② SD（System Dynamics）モデリング

　CLDで明らかになった因果関係を元に、そのモデルの中から定量化できる変数の因果関係を抽出し、予測の対象となる変数が、時間経過に伴いどのように変化していくかを定量的にシミュレーションするという考え方である。ストック（ある時点における変数の量）とフロー（時間帯における変数の流れ）でモデル化を行う。

(2) ビジネス設計に対するBD適用の可能性

サービス提供者にとって、未経験の方法でサービスを提供する場合、新しいサービスや料金体系に対する市場の反応や競合他社の反応、また、これまで競合とみなしていなかった異業種との市場領域のバッティングという現象が発生する可能性がある。このような状況に置かれているサービス提供者にとって、BDは以下の効果を期待できる。

① 事業構造に含まれるフィードバック構造の見極め：

　設計しようとするサービス事業やその環境に関してCLDを描くことで、サービス事業に影響を与える要素間の因果関係を俯瞰できる。さらに、CLD中のフィードバック構造を抽出することにより、逆効果となる施策の連鎖構造を把握することができる。BDに関するこれまでの報告では、システムの挙動は多様なダイナミクスによる影響を受けたとしても、ごく少数の独特なパターンに落ち着くとされ、「ダイナミックなシステムにみられる挙動のパターン」として6つのパターンが公開されている[10]。また、これまで報告された多数のCLDの中から失敗に陥りがちな構造パターンを抽出し、「システム原型」と呼ぶ10のパターンが報告されている。これらのパターンと照合させることは、現在採ろうとしている施策に持続的な効果が期待できるか等、定性的な判断の一助となる。

② 経年変化を伴う事象を含む事業の事業性定量評価：

　CLDを基にSDモデルを活用することで、設計したサービス事業の事業性（事業として成立するか。継続性はあるか等）の定量的な

評価が可能となる。サービス事業は、時々刻々と変化する外部環境や市場反応による影響が大きいため、その経年変化も踏まえ、複数のシナリオを描き、各シナリオでの評価を行うことで、どの程度のリスクを含む事業であるかを評価することが重要である。また、事業性を向上させる施策が複数ある場合には、感度分析を合わせて行うことで、どの施策が最も効果が高いかを判断することができる。

サービス事業の設計では、まず、その事業の収益が成り立つかという収益性評価が必要となる。次に、その事業を推進する上での環境（事業インフラや業務上のルール等）を整理した上で、どういった体制で推進するかといった組織構造設計、さらにどういった流れで遂行するかといった業務プロセスの設計が必要である。ここでは、収益性評価に対してBDを活用することで、収益に影響を与えるサービス事業構成要素の因果関係を整理し、リスクの早期見極めや、より効果的な施策の選択を支援する手法を開発している。BDを活用した収益性評価の流れを図10.7に示す。

3.3 適用事例と有効性の検証

ここでは、前節で示した収益性評価手法を用いてサービス事業設計支援を行った事例について述べる。

（1）適用事例の概要～売り切り型からサービス型への事業転換～

事業部Aは、SI（システムインテグレーション）をメイン事業としているが、ある業界における情報処理センタのSI事業が停滞傾向にあることから、サービス事業を起こすプロジェクトZを企画した。従来の情報処理センタは、全国に設置した端末から送られてくる電文を受信し、複数ある仕向け先のフォーマットへ電文を変換して振り分けるという処理をしている。この業界では、近年、サービスの多様化や、セキュリティ

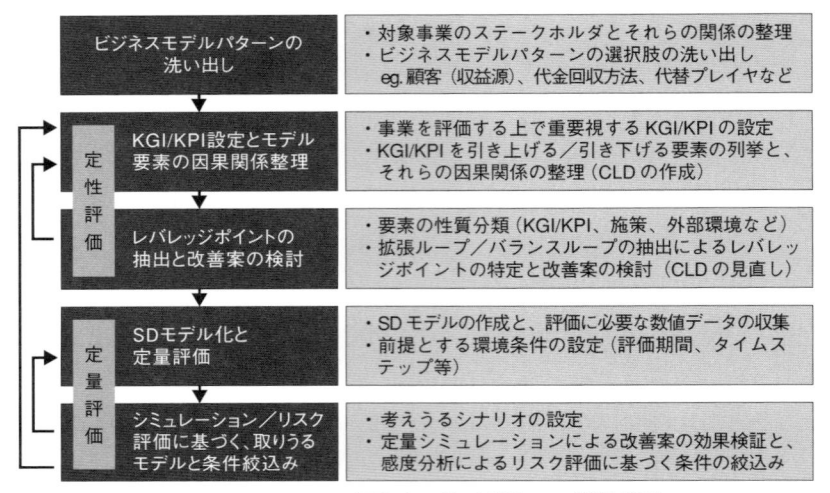

	ビジネスモデルパターンの洗い出し	・対象事業のステークホルダとそれらの関係の整理 ・ビジネスモデルパターンの選択肢の洗い出し 　eg. 顧客（収益源）、代金回収方法、代替プレイヤなど
定性評価	KGI/KPI設定とモデル要素の因果関係整理	・事業を評価する上で重要視するKGI/KPIの設定 ・KGI/KPIを引き上げる／引き下げる要素の列挙と、それらの因果関係の整理（CLDの作成）
	レバレッジポイントの抽出と改善案の検討	・要素の性質分類（KGI/KPI、施策、外部環境など） ・拡張ループ／バランスループの抽出によるレバレッジポイントの特定と改善案の検討（CLDの見直し）
定量評価	SDモデル化と定量評価	・SDモデルの作成と、評価に必要な数値データの収集 ・前提とする環境条件の設定（評価期間、タイムステップ等）
	シミュレーション／リスク評価に基づく、取りうるモデルと条件絞込み	・考えうるシナリオの設定 ・定量シミュレーションによる改善案の効果検証と、感度分析によるリスク評価に基づく条件の絞込み

KGI：key Goal INdicator（経営指標）
KPI：key Performance Indicator（重要業績評価指導）

図10.7　収益性評価の流れ

基準の強化などを背景に、端末の高機能化・高性能化が求められるようになったことから、端末単価が上昇傾向にあり、端末普及者にとっての足かせ、しいては市場全体の低迷につながることが懸念されていた。

そこで、プロジェクトZは、SaaS型のサービス事業を起こすことにした。従来、端末が保有してきたアプリケーションや業界共通ミドルウェアなどの機能を情報処理センタ側が持ち、処理を代行することで端末をシンクライアント化し、端末価格を低額に抑えるというものである。ただし、端末普及者からは端末料を低額にする代わりに、情報処理センタ利用料を処理トランザクション数に応じた従量課金で徴収することにした。

プロジェクトZによる試算で、新端末の初期コストは従来端末の約1/3に抑えられることが分かった。端末普及者にそのメリットは理解さ

れたが、本方式を採用した際の市場反応の推定が難しく、情報処理センタ利用料のサービス単価の妥当性を示すことが困難だったため、同意を得ることに難航した。このため、プロジェクトZは、端末普及者に対してサービス単価の妥当性を示すとともに、本プロジェクトの事業性が成立することを評価する必要が出てきた。

(2) BDを活用した事業性評価

本サービス事業を評価するに当たり、まず、CLDによる定性分析を行った。この事業におけるKGI（経営指標）は利益と売上であり、その達成度を評価するKPI（重要業績評価指標）には本サービスの普及度の指標となる端末普及台数、処理トランザクション数の2つを設定した。そして、これらのKGI/KPIを引き上げる／引き下げる要素を洗い出し、

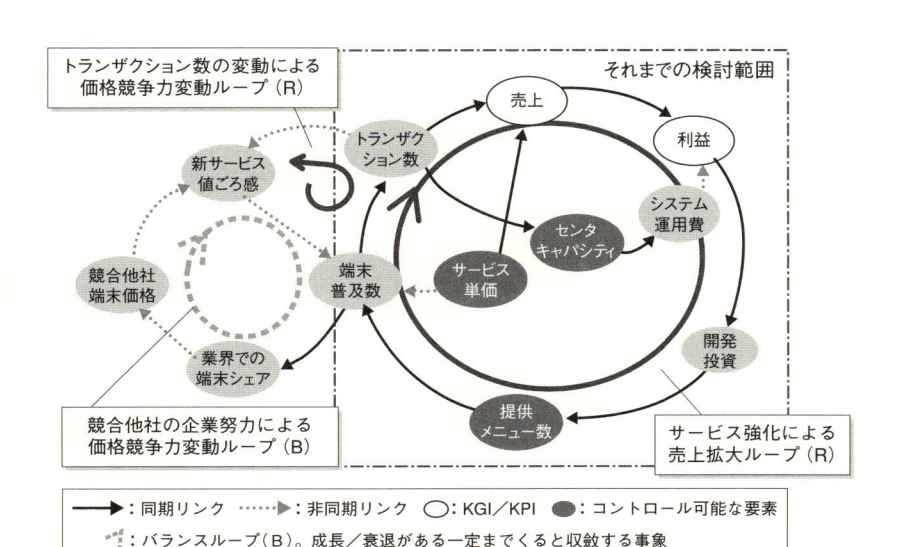

図10.8　市場反応の事業への影響を示すCLD

それらの要素間の因果関係をCLDにより表記した。図10.8に主要なループ構造を抽出したCLDを示す。

　それまでプロジェクトZでは、主に図10.8の右部に示す「サービス拡大による売上拡大ループ（拡張ループ）」を検討していた。この検討では、事業の成長見込みに合わせて情報処理センタのサービスメニュー強化およびシステム強化を段階的に行う計画を立てており、トランザクション数増加によるセンタの負荷増大を勘案し、そのバランスを取るように事業計画を立てていた。

　しかし今回、端末普及者によるサービス単価の妥当性評価という要望が明確になったこともあり、それまで影響を無視できるとしていたループの存在を改めて検証することにした。そのループとは、図10.8左部に示す「①トランザクション数の変動による価格競争力変動ループ（拡張ループ）」と「②競合他社の企業努力による価格競争力変動ループ（バランスループ）」である。つまり、トランザクション数が増えると、センタの売上は増加が見込まれるが、かたや、端末普及者にとっては従量課金で上乗せされる料金分が多くなるため、従来端末と比較しての値ごろ感が急激に薄れること、また、インパクトのある低価格製品が競合他社の価格引下げに向けた企業努力を促し、端末普及へブレーキをかけること、といった現象の影響度が無視できなくなることが明確となった。

　そこで、このCLDを元にSDモデルを作成し、いくつかのシナリオの元で事業性を評価した。SDモデルには、①トランザクション数の変動による価格競争力変動ループの影響を「（値ごろ感に依存する）顧客の新サービス導入率」、②競合他社の企業努力による価格競争力変動ループによる影響を「競合他社の価格引下げ予測」として、これらを反応関数としてシミュレーションへ取り込んだ（図10.9）。これらの反応関数は端末普及者へのヒアリングに基づいて設定・調整したものだが、例えば、顧客の新サービス導入率などは、コスト優位性が他社と同レベルであっても40％までにしか導入率が及ばず、さらに、明らかにコスト優位であっても80％程度にしか及ばない等、サービス設計上無視できな

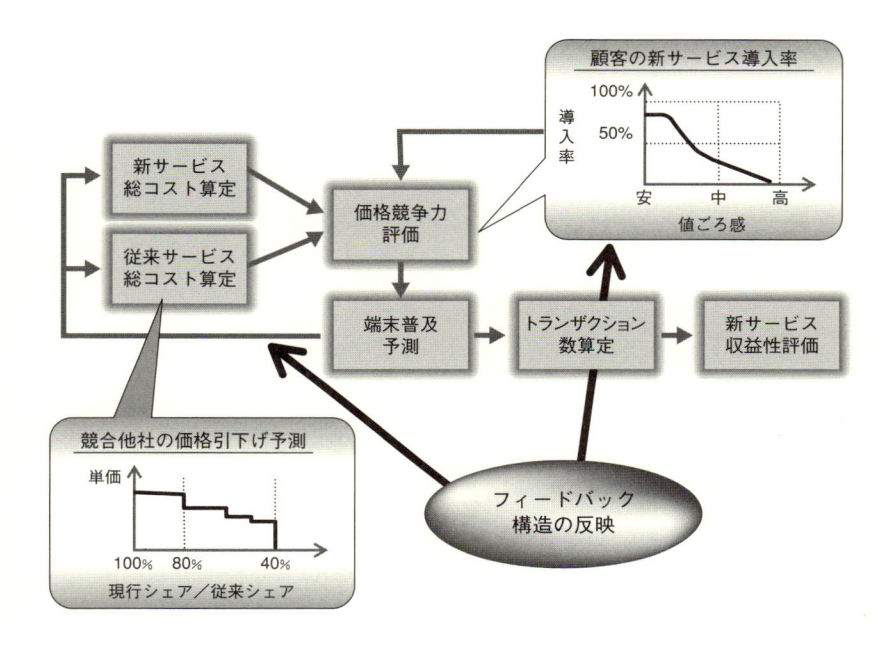

図10.9 収益性定量評価サブモデル

い市場反応であることが明快となった。

　これらの状況を勘案したSDモデルを設計し、端末普及者とのシミュレーションを用いての協議のもと、サービス単価等の条件を見直した。

(3) 有効性の検証

　プロジェクトZは、数年前から技術面、事業面、業界慣習や規制などから見た実現性を検討し、事業構想を設計してきた。しかし、業界において先例がないことや、既述の通り、端末普及者にとってのコストメリットを十分に訴求することができなかったため実現に漕ぎ着けずにいた。今回の検討では、長年の交渉により技術に対する業界からの理解が高まったこともあるが、事業性についてもCLDおよびSDモデルを描く

ことで影響要因の因果関係を可視化し、事業性、およびサービス設計（今回の例では、主にサービス単価）の妥当性について関係者間で合意を得られたことの効果は小さくないと考える。この結果、プロジェクトZは、ようやく本格的な事業化に踏み切った。

　不確定要素を多数孕んだ事業企画では、事業に影響を及ぼす要素の洗い出しに対して網羅性や客観性を示すことは推進する上で非常に重要である。これらの評価モデルを関係者間が理解できる表記法で可視化することで、評価範囲や考慮すべき要素について合意形成することの意義は大きい。また、サービス設計の評価については、共通認識の得られたモデル上で複数のシナリオ分析による長期的なリスクレンジの評価を行うことで、妥当性の評価を行えたと考える。このように、不確定要素を多数含む新たなサービス事業の創生（サービス・イノベーション）に当たっては、関係者間の合意形成、また、定量評価によるリスクレンジの明確化を支援する手法が大いに役立つであろう。

4．おわりに

　サービスイノベーションに対するシステム技術を適用する2つの事例を紹介した。1つは、サービス設計に対する最適化であり、もう1つは、新サービス事業の事業性評価に対するビジネス・ダイナミクスの適用である。新たなサービス事業の設計に当たっては、事業を進める組織・人の生産性、業務プロセスの効率化など、課題は多岐にわたる。こうした課題解決にあたり、モデリング、シミュレーション、最適化などのシステム技術の適用が有効であろう。サービスイノベーションのためには、不確定要素が多いなかで、定量的な情報に基づいて、関係者間でサービス事業構造の合意形成を行い、これを実行することが鍵となる。こうした目的に対してシステム技術が有効に活用できると考える。

参考文献

(1) R. T. Rust & R. L. Oliver: *Service quality: Insights and managerial implications from the frontier*, 1/19, Sage Publications（1993）
(2) 刀根薫:『経営効率性の測定と改善——包絡分析法DEAによる』, 日科技連出版社（1993）
(3) (社)日本水道工業団体連合会 水道産業戦略会議:「水道産業活性化プラン2008」（2008）
(4) 中山徳良:「水道事業における技術非効率性の計測と原因」, 公益事業研究, Vol.52, No.2, pp.91-96（2000）
(5) (社)日本水道協会:『水道事業ガイドライン JWWA Q100』（2005）
(6) 堀義人ほか:『MBAマネジメント・ブック』,㈱グロービス（1997）
(7) W. Forrester: "The Beginning of System Dynamics", Banquet Talk at the international meeting of the System Dynamics Society（1989）
(8) John D. Sterman: *Business Dynamics*, McGraw-Hill Higher Education（2000）
(9) P. M. センゲ（守部信之訳）:『最強組織の法則——新時代のチームワークとは何か』, 徳間書店（1995）
(10) John D. Sterman（枝廣淳子, 小田理一郎訳）:『システム思考——複雑な問題の解決技法』, 東洋経済新報社（2009）

あとがき

中森義輝

(北陸先端科学技術大学院大学)

　横断型基幹科学技術研究団体連合の中に「システム工学とナレッジマネジメントの融合に関する調査研究会」を設置させて頂いたのは2006年4月のことであり、本書の編著者である小坂満隆氏、舩橋誠寿氏をはじめ本書を分担執筆された諸氏の力強い支援の賜物であった。研究会が4年目を向かえ、「サービスイノベーション」という潮流と合流する形で新展開することができ、本書という形で結実したものである。

　研究会の設立目的において私たちは次のように考えていた。すなわち、システム構造化や目的達成のための問題の構造化に優れているシステム工学的なアプローチと、人間の創造活動を活性化する知識マネジメント的なアプローチを融合することで、実社会に存在する複雑な問題の解決を目指したフレームワーク構築を行う。また、この中でモデリング、シミュレーションの活用を行い、企業経営の諸問題の解決、新事業創生の課題解決など、システム工学の新たな応用領域の確立を狙う。

　目的を書いた2006年時点においても「サービスサイエンス」という用語は既に存在していたが、設立目的においてこの用語を用いていない。2008年夏あたりからこの用語が実は私たちの目指すものを端的に表すものとしてふさわしいと感じるようになってきた。しかし、システム工学や知識マネジメント、あるいはその融合形態を言い換えただけではない「何か」があることを明確化しておく必要がある。

　「まえがき」において小坂満隆氏が述べているように、21世紀の諸問

題は対象とするシステムの中に、人間の目的意識、人間の価値観・満足感などの人間的要素が含まれるため、従来の工学を対象としたシステム技術だけの横断型科学技術ではこれらに対処できない。従って、人間を扱う知識マネジメントとの融合が必要なのである。この水と油のような学問分野を「サービス」という視点で接着することが手に届くところまで来たということを明確に示したのが本書である。

しかし、歴史的に見て、このようなアプローチとして最初の試みであったのは、意思決定科学及びシステム科学分野において椹木義一氏が提案した「しなやかなシステムアプローチ」である。椹木義一氏は本書の編著者である小坂満隆氏、舩橋誠壽氏、そして私、中森義輝の共通の師である。最後に「しなやかなシステムアプローチ」の趣旨を以下に簡略に記述するが、それが既に20年前に語られた「サービスサイエンスの精神」であることは疑う余地がないと考える。

それはソフト及びクリティカル・システム論の影響を受けてはいるが、知識や技術創造のためにプロセス的、あるいはアルゴリズム的方法を特定するのではなく、問題解決のためのいくつかの原理の集合を提案したものであった。これらの原理に含まれるものは次の通りである。直観を使うこと、オープンな精神状態を保つこと、多様なアプローチやパースペクティブを試すこと、適応できる姿勢と間違いから学ぶ心構え、柳のように弾力があるが剣のように鋭くなること、つまり「しなやかな」状態でいることである。

[執筆者紹介]

小坂　満隆：北陸先端科学技術大学院大学　知識科学研究科　教授
舩橋　誠壽：㈱日立製作所　システム開発研究所　技術顧問
辻　　　洋：大阪府立大学　工学研究科　教授
三村　英二：関西電力㈱　主席研究員
西岡由紀子：㈱アクト・コンサルティング　執行役員　システムエンジニアリング部長
山村　　圭：㈱キューキエンジニアリング　エンジニアリングサービス部　副部長
白肌　邦生：北陸先端科学技術大学院大学　知識科学研究科　助教
園城　倫子：北陸先端科学技術大学院大学　知識科学研究科　博士前期課程
藪谷　　隆：トモソウ・ジャパン㈱　代表取締役
赤津　雅晴：㈱日立製作所　システム開発研究所　企画室長
河野　克己：㈱日立製作所　システム開発研究所　主管研究員
栗栖　宏光：㈱日立製作所　システム開発研究所　主任研究員
長岡　晴子：㈱日立製作所　システム開発研究所　主任研究員
中森　義輝：北陸先端科学技術大学院大学　知識科学研究科　教授

横断型科学技術とサービスイノベーション

2010年3月20日　初版第1刷発行
編　　者＊小坂満隆・舩橋誠壽
著　　者＊横断型基幹科学技術研究団体連合
　　　　　シスナレ研究会
装　　幀＊後藤トシノブ
発行人＊松田健二
発行所＊株式会社社会評論社
　　　東京都文京区本郷2-3-10
　　　tel. 03-3814-3861/fax. 03-3818-2808
　　　http://www.shahyo.com/
印刷・製本＊倉敷印刷株式会社

Printed in Japan